宇 宙 通 史

Genera History of The Universe

聶崇永——

著

病毒席捲全球，死神肆意妄為塗炭生靈，人類正在遭受前所未有的大災難，這是天意——上帝的懲罰。出版這部用畢生精力鑽研思考的「天書」，認清自然法則，按照上帝的旨意辦事，人類走上正道，可以消災保平安，最終達到大同世界的境界。

目 次

第三歷史層面──識在

前言　改天換地

　　《宇宙通史》是一部歷史與科普相結合的新型書籍。本書在傳統的宇宙觀基礎上，以嶄新的視角觀察整體宇宙，運用對立統一邏輯思維，將宇宙演變歷史，上自天生的宇宙存在，無中生有，物質宇宙起源，下至人類的命運與未來，發展脈絡貫穿其中，給人一種整體認識，糾正人們對宇宙的一些模糊觀點。

　　一直延續到現代的傳統宇宙觀，其宇宙天體現象，太陽、地球、星系等等，和科學家探測研究的宇宙事件，都是物質宇宙範圍內的事情，如果將其編成歷史，那也就是宇宙的局部歷史，科學家探索的所謂宇宙大爆炸宇宙的起源，應該屬於物質宇宙的起源。關於物質宇宙起源的大爆炸以前的事情，一無所知，霍金在他的《時間簡史》一書中說，宇宙大爆炸以前的事件，不是科學家要過問的事情。所以傳統的宇宙歷史一直是無源之水，一直迷惑人們的思維。宇宙通史將「水源」接通，補充與述說宇宙大爆炸以前的狀態，也就是本書所謂的「**改天**」。改變人們對宇宙的模糊認識。

　　宇宙大爆炸150億年後（宇宙事件的時間都是以億年計算，科學家計算其時間，有一定的差距，這裡取的是大概的資料），發生在地球上的歷史，最重大的事件是誕生了人類。人類長期觀察與探索宇宙，積累了大量的資料，使虛幻的宇宙歷史成為實在

的歷史，這是人類最大的智慧。可是人類擁有智慧的同時，原始
人野蠻基因未泯，甚至膨脹，將智慧走上邪路，不遺餘力製造殺
人武器，不斷地發動戰爭，人類互相殘殺，毀滅自己創造的文
明。人類有史以來百分之九十八時間都處於戰爭狀態，血腥殺
戮，死人無數。現在更加野蠻愚蠢，智慧竟然發展成製造核武
器和生化武器，智慧在邪路上越走越遠，走向人類同歸於盡的
絕路。

　　針對這種惡性膨脹現象，本書建議將「和平」與「和諧」
（非暴力的基督精神）為新的普世價值觀，呼籲聯合國建立一個
銷毀一切殺人武器專門機構，確保世界永久和平，維護地球環境
衛生，造福子孫後代。這就是所謂**「換地」**的呼聲，也就是寫
《宇宙通史》的初衷和現實意義。

　　《宇宙通史》是世界上第一部完整的宇宙演變史書，世界圖
書庫裡有中國通書，世界通史，還有各種歷史書籍，霍金的《時
間簡史》《宇宙簡史》，雖然也是宇宙的有關歷史，那不過是宇
宙的局部歷史，而且屬於科普類的書籍，唯獨沒有人寫宇宙通
史，至今人們對宇宙的認識還是停留在物質層面，許多宇宙事件
如宇宙起源、宇宙邊界、無中生有等問題認識模糊不清，甚至於
邏輯矛盾。《宇宙通史》可以解讀那些模糊的宇宙觀。

　　寫整體宇宙演變歷史，雖然有許多科學家探索宇宙的資料作
參考，但是有許多盲區，迷霧重重，沒有任何資料可參考，故無
人去研究與寫作。然而宇宙的這些盲區可以用邏輯思維這把萬能

鑰匙去打開宇宙神祕的迷霧之門。

　　本書是站在上帝的視角上看大千世界，這個上帝不是世俗的上帝，也不是宗教的上帝，更不是迷信的神靈，是客觀存在又被世人扭曲誤解的自然上帝。以這個客觀上帝出發，澄清盲區的迷霧，宇宙一些疑難問題基本上一目了然。

　　本書中的人類歷史是宇宙歷史的重要一環，人類文明與野蠻衝突，越來越激烈，持續不斷地發動愚蠢的戰爭將毀滅全人類，本書提出了新的普世價值觀：「和平」與「和諧」，澈底銷毀一切殺人武器，使全人類走正道，達到永久和平的大同世界。所以《宇宙通史》具有改天換地的世界意義，也是教育人類走正道的不可少的歷史教材。

序文

　　人類對宇宙的好奇，可以說是與生俱來的秉性，連牙牙學語的孩子都會瞪大著眼睛，仰望星空，天真地問一些星星月亮那童話般的問題，學齡兒童就會問出天有多大，有沒有邊界這樣即簡樸又深奧的問題。人類對宇宙的探索可以說從古至今孜孜不倦，沒有終止過，從盤古開天、女媧補天、馱在龜背上的宇宙、托勒密的地心論、哥白尼的日心論，到現代的宇宙膨脹、宇宙大爆炸、愛因斯坦廣義相對論的「奇點」、黑洞、蟲洞等等，「怪胎」層出不盡，無奇不有，哈勃太空望遠鏡把遙遠的宇宙瑰麗景象一幕一幕的展現在人們的眼前，使人類的眼界更上一層樓，科學家把這一幕幕的天體現象進行分析研究，探索其淵源與演變過程，揭示許多「怪胎」的奧妙，便成了宇宙科學與歷史。從某種意義上來講，人類或者智慧生物（目前還沒有發現，本書在後面就簡略了）的觀察使虛幻的宇宙變成實在的宇宙，於是宇宙有了歷史，宇宙成了人類的歷史，人類成了宇宙的歷史。

　　從古至今科學家探索宇宙，寫天體現象的科技書不少，多數是科普類的，寫宇宙歷史的書也有，最有名的要算史蒂芬·霍金的《時間簡史》《宇宙簡史》，闡述了宇宙起源的大爆炸到宇宙終結的黑洞，以及其間的時間與空間的本質，人們看得眼花繚亂，似懂非懂地增進了不少宇宙知識。其實宇宙的歷史遠非這

些，人們瞭解的僅僅是宇宙歷史現象的物質部分，而且不夠系統，大層次也不夠清晰，甚至有些提法邏輯矛盾，難以圓說，至今人們還是被宇宙起源，宇宙有多大等問題搞得一頭霧水，迷惑不解，有的索性相信宗教的上帝創造一切，有了這個信仰，似乎就心安理得了。

本書寫的宇宙通史，是人們對宇宙歷史認識不足與片面的補充與詮釋。古今貫通、層次分明、現象系統、論點獨特，是該書的特點，故稱通史。

人類社會的歷史，有中國通史、世界通史等，這些都是人類經歷過來的事情，有資料可查，有文字作依據，至於那些沒有文字記載的遠古社會的歷史，比如中國的三皇五帝，有民間的傳說和地下文物作鑒定，原始社會以前的歷史，有化石等出土文物可研究，反正在地球上發生的事情，寫起來都有根有據，應該是都不難寫。

宇宙歷史，寫局部的斷史，有科學家探索宇宙的資料作依據，寫起來也不難，如霍金寫的《宇宙簡史》《時間簡史》就是傑出的宇宙局部的歷史。不過，這些所謂的歷史書，偏重物理知識探索與普及，還不是正式的史書。就算是史書，也只能是宇宙局部的斷史。

寫宇宙通史是一個系統工程，從無窮大的實體宇宙，演變出充滿物質的物質宇宙，直至人類探索的科學宇宙。大都是深不可測的奧秘，本來就不是小小的人類所能全部揭示的，尤其是宇宙起源的歷史，更加神祕莫測，疑雲重重，科學家一般都淺嘗輒

止，沒有具體資料，他們是不會去深入研究的。哲學家、宗教界倒是熱衷這個題材，他們研究的是最終原則或上帝與人類的事情，也不是史書。真正的宇宙通史也許這是第一部。宇宙誕生了人類，人類居住在宇宙中，瞭解宇宙歷史應該是人類不可回避的神聖使命。

這個使命歷史學家不會去寫，他們忙於寫人類社會的實在歷史，宇宙虛幻的歷史無暇顧及，也不是他們的專業；天文學家不會去寫，他們研究的是宇宙空間天體、宇宙的結構和和運行規律等。忙於觀測天體發射到地球的輻射，發現並測量它們的位置、探索它們的運動規律、研究它們的物理性質、化學組成、內部結構、能量來源及其演化規律；理工科科學家不會去寫，他們的專業是揭示物質的物理原理與性質，忙於觀測、考證、實驗等研究事務；哲學家也不會去寫，他們探討的是元理，忙於思索各類知識的真實本源；宗教更不會去寫，他們崇拜超自然的信仰，忙於芸芸眾生的精神寄託與救贖。看來只有我這個什麼專家都不是的閒者，憑著對「上帝」的虔誠信仰，和一顆謎戀宇宙的赤誠的心，來完成這個神聖使命。

本書以嶄新的視角把宇宙的歷史分為三個層面：**存在、實在、識在**，按照這三個歷史層面寫宇宙通史，表達起來層次清晰分明，古今前後貫通、事件有機系統，能夠圓說宇宙的一些疑難問題，比如宇宙起源、宇宙邊界、無中生有等一直困惑人們思想的宇宙事件。

這三個歷史層面，第一個屬性「存在」是**神**。用世人的語言

就是神祕、神奇的神、神通廣大的神、至高無上的神。神祕、神奇表明「存在」的來源；神通廣大表明宇宙的無限潛能；至高無上表明宇宙的唯一性，世人尊稱為上帝。

這個「存在」按通俗的語言表達，是天生的、本來有的、一直有的。是萬物的基礎或載體，其歷史對人類來說一片空白，除了神祕性外，無任何雪泥鴻爪留下，基本上沒有什麼具體的資料可查，科學家只能用超自然來解釋，這是遠遠不夠的。人類的邏輯思維是一把萬能鑰匙，能夠分析解釋這個神祕的問題的大致面目。從這個源頭出發，後面的一切現象與問題就有了實在的依據。

第二個「實在」屬性是**物**，是我們現在所看到的一切事物，是宇宙創造出來的實實在在的物質，在人類沒有問世前，這個實在的層面已經存在無限久了，但是沒有任何記載，可以說沒有實在的歷史，只能算虛歷史，或許就是霍金所說的虛時間。

第三個「識在」屬性是**人**，是人類誕生後，進入文明時代所認識的宇宙，這才是宇宙歷史實在一面的開始，實質上是宇宙現象被人認識，每一個天體現象都包含著人的探索印記，人的智慧，人的心血，所以稱其為人的屬性。

這個識在的歷史是人類根據宇宙的真實現象長期觀察探索出來的，有大量的資料可查，本書收集了人類從古至今對宇宙觀察探索研究記載的資料為敘述基礎，按時間大致的順序，綜合調整選擇成文。對不能圓說的宇宙疑難問題，不加以回避，以自己的觀點加以圓說，歷史的真實性相對可靠，識在層面的歷史是本書

的主線。

即使按照這三個歷史層面去寫宇宙歷史，還是有許多問題難以圓說，有些宇宙現象科學家尚在探索中。遇到這樣的問題，儘量不在歷史上留空白，用邏輯思維來解說，作為探討性的參考資料。

宇宙通史中，雖然有不少虛幻的東西，難以理解的問題，甚至是人們虛構的事物，本書在遇到這類問題時，自己以對立統一的基本自然法則為基礎，以邏輯思維為方法來解說，儘量做到至少不能出現邏輯矛盾，順理成章是本書的基礎精神。

其次一定要將浩如煙海、紛繁複雜的天體現象，表達得層次分明，一目了然。其中牽扯到的許多由科學家研究闡明的物理理論，有些過於深奧，讀者無需深究，知道有這樣一回事就夠了，作為本書作者的我，不是專業科學家，難以面面俱到，僅僅閱讀科學家的科普著作，大致瞭解有這樣一回事，當它是一個歷史事件而已。歷史事件與歷史事件的科學原理，在史書類上，以前者為主，後者為次，甚至可有可無，這並不影響宇宙歷史的真實性。通俗易懂也是本書的一個重要特點。

本書表達方式：**描述**（以現有的資料為基礎），**評論**（對資料中的模糊部分，或矛盾地方），**觀點**（以自己獨特的觀點論述）。著重於識在層面科學家對宇宙探索研究的方方面面。發揮想像思維，突破科學家的傳統思維，另闢蹊徑，圓說宇宙某些疑難問題，揭示某些事物的神祕面紗，是本書的精髓，創新精神是本書的一大亮點。

宇宙歷史的三個層面

無窮大……第一歷史層面存在（屬性神）……無窮大

第二歷史層面實在（屬性物）……無中生有過程……

第三歷史層面識在（屬性人）……人類探索宇宙過程……

天書第一頁

　　中國古代解讀宇宙萬象的書，稱之為天書。天書第一頁不要理解為宇宙存在的開始，宇宙存在是沒有開始與終結的，這第一頁僅僅表明在宇宙史上有這樣一個空前絕後的在人類看來神奇事物，它包羅萬象，永恆不滅，本書把這一神奇事件定性為至高無上的神（上帝），並且站在上帝的視角上看大千世界，書寫天書——宇宙歷史。

　　歷史是教課書，瞭解宇宙歷史是人類增長知識的必讀課，正確認識宇宙歷史的演變，人類才會順天意行事，才會興旺發達，長久不衰。人類在宇宙中只是匆匆過客，而且渺小得可以忽略不計，但是人類的誕生是宇宙自然規律極為稀罕的事件，也許是獨一無二的一次事件，對人類來說，這是一次非常幸運的事件，應該倍加珍惜，充分享受這份來之不易的宇宙饋贈，把人類短暫的人生過得更加和諧美好。

　　展開第一頁，空空如也，一片空白，渺茫兮，虛無兮！卻是宇宙至高無上的歷史——第一歷史層面。

第一歷史層面
——存在

虛幻的歷史，虛幻的時間，
本書歸納於「史前」

美國著名理論物理學家勞倫斯·M·克勞斯寫了一部《無中生有的宇宙》著作，就是論述宇宙第一歷史層面——存在。他著重物理理論方面的探討，本書著重歷史方面的論述。

宇宙歷史是一切歷史的基礎，它唯一的表象就是無法理喻的無邊無際空間，這是一個絕對存在的空間，沒有一絲一毫虛無的餘地，所謂虛無，也是在存在的前提下相對而言。

宇宙的存在即普通實在又神祕無解。它自己存在自己，沒有因果概念；它一直存在，沒有時間概念；它無邊無際，沒有大小概念；它萬古不朽，沒有生死概念；它包羅萬象，沒有多餘的概念；這就是它第一層面的基本歷史。大道至簡，這也是人人皆知的事物。如果探討它的本質和來龍去脈，那就神祕無窮了，也許人類永遠解不開這個宇宙之謎。

宇宙歷史第一層面「存在」雖然神祕莫測，但是它的本質應該是一致的，它的歷史也是單純的，它就是一個**存在**，或者說它就是一個無邊無際的空間，除了這個廣泛的空間，沒有其餘的形式可代替，比如沒有空間，這是不可思議的假設。

因此，這個層面的歷史，都是無限連續的單純空間，沒有什麼本質上的區別，可以任意取一點作為宇宙通史的起點。

寫歷史少不了時間線索，時間是人類的概念，時間日期是描述歷史事件的重要線索，沒有時間的歷史，一筆糊塗賬那不算是歷史，如何來定義宇宙歷史的時間呢？

寫人類的歷史，日期有人記載，有些歷史事件可以準確到某月某日。沒有記載的歷史事物，有出土文物、化石等資料，可以

通過科學方法計算出大概的時間，時間是不成問題的。

寫宇宙通史，許多時間線索虛無混沌，根本無法得到，尤其是「存在」與「實在」層面這兩個歷史階段，人類還遠沒有誕生，完全沒有所謂的時間概念，只有遙遙無期模糊不清的漫長，如果一定要用時間來表達，科學上有一種虛時間，霍金在計算他的宇宙模型時，曾經用過虛時間，而且他說，虛時間也許是真實的時間，現在的時間倒是一種虛幻的東西。虛時間是科學家用來計算某事物的工具，現在寫宇宙通史，不需要這種計算，虛時間用不上，還是用**史前**為好。

「**史前**」以什麼為標準呢？在本書宇宙歷史裡，第三個歷史層面──**識在**層面，是人類（現代人）探索認識宇宙的階段，時間也有了具體的內涵，許多宇宙事件具有一定的時間性，比如宇宙大爆炸就是時間的開始，可以定為「史前」與「史後」的分界線。

宇宙事件的演變過程都是漫長的，時間都是幾十億、幾百億年的大概數字來計算，而且大多是猜測，當然就不能做到很精確。只有在識在層面，宇宙大爆炸後誕生了物質宇宙，經過科學家的計數，時間才有了比較準確的數位元，在高科技的計算下，甚至有的事件可以精確的微秒。本書不是科學類書，精確的計算也就沒有必要，現存搬來科學家計算的時間來描述。

存在屬於「史前」事件，也就是本書的宇宙第一歷史層面。

一個實體

時間線索：遙遙無期，飄渺無際的史前，神的虛幻時間

這個層面的歷史是作為寫宇宙歷史的起點——天書第一頁。一般科學家都不太重視，甚至對宇宙的兩個基本歷史層面——**存在**與**實在**混為一談，人們對這一頁大多是模糊不清的，不少人將這一層面與神話或迷信混在一起，所以這一頁必需要需要寫明白，澄清那些模糊觀點，不能含糊不清地一筆帶過，一定要坐實它的存在與基本本質，才能展開宇宙真實的歷史。

所謂宇宙通史，一定要連貫地記敘宇宙各個歷史層面的史實。其次要求在敘述中體現歷史發展脈絡或貫穿其中線索，給人一種整體的認識。

翻開第一頁，一片空白虛無，一無所有，這個表象迷惑了不少人，不知道其蘊含著天機萬卷，無窮的魅力，這正是有待人們去開拓的「處女地」，也是本書的源頭。

以往的科學家、哲學家都在探討研究萬物的最終源頭，即所謂的「第一因」「第一推動力」，這個「第一推動力」就蘊藏在天書第一頁中。書寫其歷史，將其真面目顯示出來，是根本性的第一步。跨出這第一步，後面的歷史才能順理成章，有根有據。

這第一步從「史前」邁出，「史前」也是一個遙遙無際的虛幻存在，在這無窮大的宇宙，第一步歷史起點應該從何寫起呢？目前還沒有發現特殊的跡象作為宇宙歷史的分界線，為了寫歷史

的需要，這裡權且於混沌中任意取一個起點，作為開始的日期——零年零日零時，本書中所謂「原始宇宙「，也是以這個為起點，相對物質宇宙而言。在此以前就舍去了，這是宇宙通史的特殊處理：無頭無尾。其實所有的通史都是無頭無尾的。

「宇宙」是萬物之母，自己卻沒有母親。她的存在沒有原因，沒有年月；她胸懷廣大，沒有邊界；她深藏若虛，沒有物質；她冥蒙飄渺，綿延無際。哲學家稱其為「實體」，在西方哲學史中一般指萬物的基礎，也就是本書說的第一歷史層面——存在。

各派哲學家對實體有不同的定義，亞裡斯多德認為實體是一切東西的主體或基質，笛卡兒認為實體是「能自己存在，而其存在並不需要別的事物的一種事物。」思賓諾莎的實體觀是：唯一不變的、無限的存在、無所不包的自然界，具有無限的屬性。他強調說：「實體，我理解為在自身內並通過自身而被認識的東西，換言之，形成實體的概念，可以無需籍助於他物的概念。」這個實體是自己產生自己，它自己是自己存在的原因，這就是實體定義最核心的思想。總結一句話：宇宙實體就是無中生有。

在民間，老百姓不會咬文嚼字，談什麼哲學理論，他們有自己的質樸叫法：「天生的」，可謂言簡意賅。

所謂天生的，並不是我們頭頂上那片藍天白雲直觀的天，也不是所謂天生出來的，而是本來就有的，本來就存在的。這種本來就有的神祕事物，具有無所不能的神祕力量，深入人心，在人們心目中敬其為「老天爺」。民間流傳的諺語：「舉頭三尺有神

明」「人在做天在看」。這就是民間至高無上的上帝。

回過來再看哲學家給實體（宇宙）下的定義：「能自己存在，而其存在並不需要別的事物的一種事物。」、「實體，我理解為在自身內並通過自身而被認識的東西，換言之，形成實體的概念，可以無需籍助於他物的概念。」其核心思想就是這個實體是自己產生自己，它自己是自己存在的原因。這種因果關係一體的神奇存在的實體，包羅萬象，其中的一切事物，有生有滅，生生滅滅，無休止進行，唯有實體長生不老，永恆無疆，其屬性非神莫屬。

說起神，就聯想到上帝，聯想到宗教的人格化的上帝，聯想到聖經裡的耶和華，和宗教裡的形形色色的神，大都是創世之神。

世人對這種神的信仰，延續了幾千年，它的真實性也爭論了幾千年。更廣泛的是民間的五花八門的迷信色彩的神。另一個極端是無神論者，根本否定神的存在。

顯然世人對神沒有正確理解，完全是一些雜亂無章的概念，將真實的神和虛構的神混為一談。

至於宇宙的屬性是什麼，17世紀荷蘭哲學家斯賓諾莎論上帝，正確論述了宇宙存在的本質，其屬性是上帝（神），這個上帝以自然的形式表現出來，上帝的行為就是自然的行為。這個科學的理論卻被宗教說成是異端邪說，受到迫害。這都是人們對宇宙屬性的錯誤、模糊認識。

宇宙的屬性當然不會因為世人的無知而變化，它就是客觀存

在的神——至高無上的上帝，無所不在的自然。

其實，「宇宙」這個名字也是人取出來的，兩千多年前，老子已經定義宇宙的實質：「道可道也，非恒道也。名可名也，非恒名也。無名，萬物之始也；──」，闡明瞭宇宙非普通的存在，也沒有世俗的名字，它根本就沒有名字，萬物就是它生的。它就是一個存在，說得通俗一些，它就是一個無中生有的無邊無際的空間。在人類的詞語中，說它屬性為神，再也找不到適當的詞語了。

我們可以理解它這是一種非理性存在的東西，是超凡脫俗的存在，只要符合邏輯，世人隨便叫它什麼都可以，叫上帝、真主、神、佛，甚至張三李四都可以，在邏輯上都沒有問題，就是不能說它是被創造的，所謂上帝創世觀點，完全是邏輯混亂，違背了歷史的真實性。宇宙實體是天生的和是被創造出來的，這是兩種截然不同的歷史觀點，前者符合歷史事實，後者是違背歷史事實。

大家想想看，宇宙若是被造物主創造出來，那麼這個造物主不論其有形還是無形，在創造宇宙時，且不問創造時必須用的具體東西，就問「他」處在何方，就會邏輯混亂，矛盾百出了。

宇宙本身就是一個包羅萬象的整體，沒有任何之外、之上的餘地，不論這個創造者處在何方，都是屬於宇宙範疇，這個所謂的創造者已經處在宇宙之中，宇宙還要創造者再來一次創造不成！所以絕對不存在創造者的餘地，沒有創造者，何來創造，這是一個簡單的邏輯問題。

　　真實的神只有一個，那就是宇宙實體。基督教、伊斯蘭教、猶太教的一神論符合宇宙的歷史，是正確的。他們所謂的造物主上帝，不在宇宙之上、之前、之外，也不是與宇宙平行對等的關係，邏輯上說得過去。他們把神人格化，那是他們宣傳宗教的需要，是人類精神信仰的需要，也是對人類的一種教誨（救贖）形式。

　　凡是宇宙中的東西都是上帝創造的，上帝創造萬物，不是世人想像的那樣變魔術、弄巫術，完全是按照自然規律逐步演化出來的（包括人），從這種角度出發，可以說自然規律是上帝的行為。「自然」我們習以為常，見怪不怪，不妨往深處想，「自然」等同「天然」，天然就是宇宙的行為模式，其本質非神（上帝）莫屬。

　　人類誕生的歷史有300多萬年了，文明史也有四五千年了，但是對自己居住的宇宙還是模糊不清。中國古代人對宇宙的認識：「往古來今謂之宙，四方上下謂之宇」。這是一個有時間概念的宇宙，它應該是實體中的一個小世界，這個小世界的屬性是物質的，是有因果關係的存在，按自然規律運行，它是神的產物，自身並不是神。這個小世界看上去廣袤無垠，人們稱其為宇宙，這種稱呼已經延續了幾千年，本書還是按人們的習慣叫法，稱其為小宇宙，後面的「物質宇宙」也是同樣性質。

　　「宇宙起源」也是人們對宇宙的模糊誤解。宇宙起源於大爆炸，這是現代人探索研究宇宙的一個重大科學成果，愛因斯坦的廣義相對論是該成果的理論基礎。宇宙始於一個曲率無窮小，能

量無窮大的奇點，奇點大爆炸，誕生了宇宙（請注意，這個所謂的宇宙，應該是物質宇宙，是宇宙母親（實體）誕生的產物，我們這個物質宇宙無法確定是第幾代的「兒女」）。據科學家說，「奇點」還沒有爆炸的時刻，時間與空間不存在，換句話說宇宙不存在。這是一種邏輯混亂的論點，連普通老百姓都明白，什麼都可以不存在，唯獨宇宙沒有不存在的餘地，宇宙不存在是什麼狀況？不可思議得讓人頭昏目眩，腦子一片空白，這是典型的思維混亂。難以理解的是，這樣淺易的事實，一些著名科學家寫的科普書籍，經常會看到「宇宙起源」「宇宙年齡」「宇宙邊界」等等宇宙概念，這是對宇宙的模糊概念，不瞭解宇宙歷史的表現。

現在的宗教變得聰明理智了，不像中世紀那樣野蠻，動不動就把科學家的新學說扣上異端邪說的大帽子，處以極刑。現在科學發達了，宗教的一些學說引起人們的質疑，不得不在科學領域尋找依據來修正某些宗教論點，宇宙大爆炸正合上帝創造宇宙的論點，教皇說「奇點」以前是上帝的時間，凡人不容過問。科學家遇到宗教裡的上帝，那真是丈二和尚摸不著頭腦，說不清，道不明，只好退避三舍。

宇宙（實體）是天生的，根本不存在起源的問題，如果有起源，那麼起源之前又是什麼呢，之前的之前是什麼，這樣問下去，永無止境，這豈不是邏輯的混亂。所以「宇宙起源」這種說法，本身就是模糊觀點。

　　「宇宙的邊界」也是人們對宇宙的模糊認識。當今人們談論宇宙邊界也是一個熱門話題，普通老百姓對這個問題也很感興趣，他們經常會問：宇宙有邊嗎？這樣簡單又深奧的問題。

　　科學家明明認識宇宙是沒有邊界的，是無窮大的，為什麼還要討論邊界問題呢？是不是明知故犯，當然不是，他們討論的應該是物質宇宙的範圍，可是他們沒有清楚地認識到物質宇宙與實體宇宙是不同的層面，不同的兩種屬性，混為一談就會產生邏輯混亂。

　　實體宇宙無窮大，是一個人們永遠無法理解的問題，就如數字那樣，123456789……永無止境，也是無窮大，但是數字是抽象虛擬的，無窮大可以理解，實體宇宙是實的，無窮大就不可思議了。一個聰明的小學生問我，宇宙有邊嗎？我回答說，宇宙無窮大，永遠沒有邊界。這個小學生想了一會，似懂非懂驚訝地喊道：「哇，我的天啊！」一個孩子都感到無窮大不可思議，科學家更是感到辣手，避之不及，在計算時，遇到無窮大，總是千方百計用某種方式處理掉，現在一個實實在在的天體存在於無窮大中，無法處理掉，只能退縮到現實世界來，可是他們又分不清現實與神界的區別，糊裡糊塗地研究所謂的邊界，不出矛盾才怪呢。

　　「宇宙終結」也是科學家研究的一個尖端項目。有誕生必有終結，有生必有死，這是符合邏輯的，也是基本的自然規律。但是科學家用錯了物件，把這個基本的論點用到實體宇宙上了。前面講過，實體宇宙是永恆的，沒有起源（誕生），沒有終結（死

亡），科學家也知道的，他們所說的終結是物質宇宙的終結，其理論基礎還是愛因斯坦的廣義相對論，當一個大品質恒星內部核燃料燒盡時，其本身外部的壓力（引力）向中心擠壓，發生坍塌，最終這個恒星變成一個黑洞，這就是所謂的死亡。

物質宇宙也有類似結局，科學家認為有兩種情況的死亡，一種是宇宙膨脹至一定程度（臨近值），由於物質（星系）的引力作用，膨脹變成收縮，最終收縮為一個超大黑洞，於是宇宙終結了；另外一種死亡是，宇宙中的星際物質太少（科學家估計物質只有整個宇宙的5%不到），其引力不夠使膨脹停止，於是就不斷地膨脹下去，最終宇宙終結至「熱死」（熱力學第二定律）。這是科學家用科學理論推導出來的結論，應該是沒有問題的。然而，他們的推導的對象張冠李戴了，還是那個模糊觀點，他們把實體宇宙和物質宇宙混為一談了，這兩種宇宙的屬性截然不同，混為一談就會出現邏輯混亂。

宇宙的屬性是人類正確認識宇宙的關鍵所在，在這個關鍵問題上，人們一直是模糊地徘徊在兩者之間。再加上宗教的說教，信仰代替了真實，事物變得更加模糊不清了。人們的腦子被虛構的上帝搞混了，產生了神與物的爭論，這種爭論持續千年，至今還在無休止地進行，當今一個科學家說，在創世的問題上，跟他們爭論就是錯誤的。宗教的邏輯思維與科學家的邏輯思維，是兩條平行線，永遠不會有交叉點，爭論有沒有交叉點，豈是錯誤，更是愚蠢。甚至發生戰爭，以武力來維持所謂的真理，還以恐怖手段來濫殺無辜，消滅所謂的異教徒，人類有時也會幹出相當愚

蠢的事情。

　　「實體」，雖然哲學家闡述得比較深奧拗口，但是問題的實質也很清楚明白：宇宙是自己存在的（天生的）。宗教也說得蠻明白：自有永有的。老百姓也清楚，宇宙是天生的。科學家更加明白實體是怎麼一回事。怎麼大家揣著明白裝糊塗，有神論者與無神論者都沒有正確認識神，糊裡糊塗爭論，這種爭論是毫無意義的，美國著名物理學家勞倫斯說，跟他們爭論就是錯誤的。這種爭論把這個美好的世界搞得不得安寧。人們對神的誤解應該停止了！

　　我們應該清楚地看到，宗教的一神論人格化的上帝和實體屬性的上帝，有著本質上的區別。退一步說，宗教上帝就算是實體屬性的上帝，他們的言行不一致，所作所為都是違背大自然的大民主的規則，即上帝的意志。首先，歷史中的宗教戰爭，濫殺不同信仰者，現在還是這個德行，恐怖主義氾濫，濫殺無辜，這是不可否認的實例。人世間的戰爭，是人性的貪婪、偏見、狹隘等邪惡因素決定的，與實體宇宙的屬性完全是風馬牛不相及，它們之間沒有共同之處。以戰爭來樹立其所謂的真理，那是原始人的野蠻行徑，無絲毫真理可言。至於人們的信仰，這是一種精神寄託，人人都有精神寄託的自由，也就是信仰的自由。人的認知能力有限，民族習俗不同，信仰有差異，這也很正常的事情，你信仰宗教的上帝，我信仰實體宇宙的上帝，甚至什麼神也不信仰，都可以，也無所謂誰是誰非，更不應該干涉別人的信仰，甚至迫害、殺戮異教徒。能做到這一點，天下就少了許多麻煩事。這是

題外話了，不得不說。

　　實體宇宙是一個天生的永遠存在的東西，它原本空空如也，連時間都杳無其蹤，存在是它唯一的歷史，也可以說，除了存在以外，它沒有任何歷史。然而，我們今天所看到的無數星際物質的宇宙都是從這個沒有歷史的「實體」開始演變過來的，是一個神祕的無中生有起作用開始的。

第二歷史層面
——實在

無中生有

時間線索：這一歷史時間段是存在後的史前時期，這一時間段的主要事件是宇宙的陰陽對立統一演化出具有活力的元氣，一直到宇宙母親「懷孕」「分娩」，這也是一段漫長的虛時間。

無中生有這個命題，科學家、哲學家、神學家都感興趣，兩千多年來，他們都在探討宇宙「為什麼有物存在，而不是一切皆空？」

美國著名物理學家勞倫斯‧M克勞斯，他研究早期宇宙、暗物質的性質等都有相當學術成就，稱為「公共知識份子」，名聲信譽全球。他寫的暢銷書之一「無中生有的宇宙」探討了這個命題。不過，他探討的是整個宇宙如何無中生有的問題，他的論點著重於物理規則方面，絕對不和宗教攪在一起。他說：理解宇宙的演化，最好不要牽扯宗教和神學，宗教和神學經常把水攪渾。在世人對神、上帝概念模糊的情況下，勞倫斯的這個無神論觀點完全有必要的。但是本書的宇宙第一歷史層面的屬性為上帝，和勞倫斯認為的上帝，完全是兩回事，讀者千萬不要將其攪在一起。

勞倫斯的論題是無中生有的宇宙，本書這個章節論述的是空空如也的宇宙怎麼演變出物質，以至物質宇宙起源，這裡都是自然演變。

1・宇宙實體中空空如也

　　這個所謂的實體就是宇宙存在，無邊無際的空間是它唯一的形式，其間沒有任何物質，空空如也，可以說一無所有，我們現在所看到的動物、植物、山水、月亮、太陽和所有的星際物質都是後來宇宙自然演化出來的，說一句通俗的話，它們不是天生的，是後來生出來的，這也是人們的共識。宇宙中的星際物質或者說萬事萬物是宇宙創造的，因為宇宙這個實體的屬性是神（上帝），所以也可以說宇宙中的萬事萬物都是上帝創造的，不是天生的，換句話說，宇宙的存在與物質的存在不是同時的，先有實體（一直存在的無邊無際的空間），後有物質，先有第一歷史層面，後有第二歷史層面。上帝創造萬物之前，宇宙中沒有任何東西，也就是空空如也。

　　如果說宇宙的存在和物質的存在是同時的，那就更加不可思議了，宇宙實體是無窮大，那麼物質必然也是無窮的，這是違背自然邏輯，自然規律物質是有限的。如果物質和宇宙一樣是天生的，那麼這兩個屬性都是神，我們人類屬性是物，而不是不神，更加不是天生的，聖經說人是上帝造出來的，不管有神論還是無神論，物和人都是後來有的，是逐步演變的，這才符合自然規律，這也是簡單的因果邏輯。

2・空空如也的實質

宇宙實體雖然空空如也的存在，並不是什麼性能都沒有，否則它死水一潭，死氣沉沉，宇宙永遠空無一物。

空空如也是它的表象，它內在固有的實質是生機勃勃的無中生有機制，這個「機制」和實體同時存在，同時「湧動」、「呼吸」，煥發生機，醞釀實在性質的東西。

勞倫斯・M克勞斯研究的無中生有，基本上是在實體層面的現象，其宇宙也是第二層面與第三層面的歷史現象。比如愛因斯坦的宇宙常數，是抗衡引力的一種設想，儘管愛因斯坦後來發現他的宇宙常數是畫蛇添足的最大錯誤，但是勞倫斯探索的宇宙物質70%沒有著落，應該重新考慮愛因斯坦所提出來的宇宙常數。這些都是物質宇宙範疇的現象。

所謂的「無」，並不是宇宙第一層面的空空如也，而是真空，如果除空間內的一切：塵埃、氣體、人類，甚至通過空間的輻射，也就是清除裡面的所有東西，也不是宇宙第一層面的所謂真空，因為這個真空沒有天生的無中生有的機制，因此也就沒有那種生氣勃勃的活力。物質宇宙的真空和宇宙第一歷史層面的真空，本質是截然不同。所以克勞斯研究的無中生有往往是進一步，退兩步，他驚歎地感到，宇宙的奇異度遠遠超過我們的預料。

宇宙從第一歷史層面無聲無息地過度到第二歷史層面，這個演變階段是一個漫長得人類無法想像的階段。

3·空空如也的宇宙如何「湧動」

空空如也的宇宙如何湧動的呢？是什麼機制促使宇宙湧動而無中生有的呢？怎麼會無中生有出這麼多東西來的呢？這是一個令人百思不解的天大難題，英國思想家塞謬爾·克拉克面對滿世界的東西困惑不已，他感歎說：「令人百思不解的是世界上竟然有東西，而且，與沒有東西相比，有東西是毫無道理的。」

克拉克的思維中也是認為宇宙原本是空空如也，現在出現這麼多東西，他一直困惑不解，什麼道理促使宇宙「有東西」呢？

「道可道也，非恒道也。」兩千多年前老子就超越時空言簡意賅地闡明瞭這個神祕的道理，這不是一般的道理，是一個與宇宙實體同時存在的道理——

宇宙雖然空空如也，但是它本身具有兩個基本態勢是一個也不能缺少的，並且是相反相成的。一個是它自身的存在，一個是存在之中空虛無物，這是宇宙的基本前提。前者的性質是「有」，後者的性質是「無」，這就是事物的正反兩面，兩者對立統一為一個「實體」。**對立統**一就是這個又普通又神祕的道理。

對立統一是萬物存在的基礎，或者說是自然規律最基本的法則。屬性為神的宇宙也是在這個基礎上存在——對立統一的存在，所以上帝第二屬性是自然。自然規律就是上帝的行為。

中國古代樸素的辯證法，以陰陽哲理來解釋宇宙萬物的變

化，所謂陰陽，就是事物的正反兩面，相反相成，對立統一。自然，陰陽也涵蓋了宇宙萬事萬物正反兩面的對立統一，宇宙本身也是一個陰陽對立統一體。它引申了萬事萬物的對立統一，是萬事萬物對立統一之源。

對立統一是自然規律的一個方面，只有對立統一，這個統一只是死水一潭，不會產生任何東西。伴隨著對立統一，還存在一個規律：對立面轉換。這兩個規律就如一對孿生兄弟，互動互存。

陰（無）和陽（有）對立面統一的同時，由於它們同是宇宙的屬性，「有」與「無」是不能共存的，必然要相互排斥，這就是同性相斥的原始原由，這種同性相斥行為無時無刻不在發生，而且極其頻繁，這種動態稱為「湧動」。或者理解為宇宙「呼吸」，整個宇宙活了。

4 · 湧動的性質

湧動的性質相當於量子力學的量子波動、真空漲落，這是微觀世界神祕的行為模式，物質宇宙的宏觀物質就是這種微觀世界的量子波動促成的。這是深奧的量子力學理論，勞倫斯·M克勞斯的著名《無中生有的宇宙》解讀這種量子行為，本書不加深入說明原始的湧動發生在一無所有的真空實體中，量子波動非常強烈，其真空漲落猶如針尖上的霹靂精靈飛快旋轉，促使陰陽湧動無時無刻不發生對立面轉化，無中生有就在其中萌芽，產生一種

新氣質。

兩千年前，先哲老子就闡述了這種變化：「道生一，一生二，二生三，三生萬物。」這裡所謂的道是天生的、永恆的宇宙實體，它自己生成自己，就是所謂道生一。它是兩個陰陽（有與無）對立統一體的存在，兩個對立面轉化產生第三種新氣質，新氣質的質變、相變產生萬物。

5 · 湧動的產物

陰陽相互排斥，對立面轉換，頻繁湧動。陰陽勢均力敵，但又不是絕對均衡，陰陽拼鬥時，你來我往，強弱互換。陰佔優勢時，產生的東西呈陰性；陽佔優勢時，產生的東西呈陽性，它們相生的概率相等。這裡所說的「東西」是宇宙開天闢地誕生的一種氣質，它不是能量，更不是物質，我們權且稱其為「元氣」。陰盛陽衰時，湧動產生的是「陰元氣」，陽盛陰衰時，湧動產生的是「陽元氣」。

6 · 元氣的本質

說到氣，不得不想到老子以氣釋道，開創了陰陽氣化論的先河。後來莊子的「氣論」基本上和老子的思想一脈象脈象承，獨創並奠基了他的哲學思想，在中國哲學思想史上佔有相當的地位，影響深遠。

歷代學者對氣的解釋可以說是五花八門，有自然物質狀態的氣，有精神自然狀態的氣，有生命狀態的氣，有人的精神道德狀態的氣，有中醫學術上的氣，還有現代科學意義上的氣等等，歸納起來無非有兩類：一種是物質性質的氣，一種是精神性質的氣。

現在宇宙處於空空如也的狀態，物質性質的氣還遠未生成，就只有精神性質狀態的氣了。

如何理解精神狀態的氣呢，不妨看看人的氣質，一個是諸葛亮，一個是張飛，一個是林黛玉，一個是劉姥姥，一個是吳用，一個是李逵，其表面的模樣透露出來的氣質一目了然。一個是儒雅智慧之氣，一個是橫蠻粗魯之氣。人的氣質是長期生活環境的影響薰陶，潛移默化的精神之氣。雖然是精神性質的氣質，在物質世界中，還是脫離不了物質的影響，精神與物質的轉換。這種機制是原始宇宙陰陽湧動遺傳下來的。兩千多年前老子就悟出了陰陽氣化的道理。

元氣也是一種精神之氣，是宇宙陰陽對立轉化的產物，凝聚著宇宙整體的浩然之氣，可以說是宇宙丹田之氣。

它似是而非，沒有什麼實質性的東西，與能量有著千絲萬縷的關係，但又不能提取儲藏，也不能直接做功。元氣是萬物之本，貫徹在萬物之中，在生物界體現得特別明顯，從人身體上可以一目了然看出元氣的所在，並且還可以看出元氣的興旺還是衰弱，一個朝氣蓬勃的年輕人與一個暮氣沉沉的老年人，其元氣誰興誰衰，一目了然，但是又無法用儀器準確測量，元氣可以說是

精神之氣，是與全身機能融合為一體的重要生命因素。非生物也有元氣，但其基本性質與能量相似，構成物質的基本元素是原子，原子核內蘊含著巨大的能量，這就是另外一種元氣，是隱蔽著的元氣，生物的元氣是散發出來的元氣。

元氣看似虛無渺茫，卻是萬物缺少不了的過渡性的介質，大自然變化往往都不是一步到位的，之間有許多過渡性的環節，每個環節都湧現出新東西，從而產生無數的新物種，才有現在這樣豐富多彩的物質世界。不妨看一下現在的自然現象，理解類似這種變化，磁性南（N）北（S）極，對立統一，陰陽一體，磁性的每一次變化，都會轉換一種新東西——電場，當有通路時，便產生電流。電原本是沒有的，是磁的轉換產生的，這種有無相生的現象，根源在於元氣介質在起作用。在微觀世界裡，量子行為都是元氣的反應，量子力學觀察到真空中有虛擬粒子出現，並且在極短時間內消失，這一現一失正是湧動轉換為元氣。猶如一個泵在打氣，使真空中充滿了能量，這種能量是虛能量，科學儀器無法測到的，但是它卻起到與引力平衡的作用，達到整個物質世界平衡。

世界上除宇宙本身外，沒有無源之水，無本之木，所有的起源都來自宇宙的陰陽對立的轉化推動。

7・概率促使元氣相變

茫茫宇宙無時無刻不在發生陰陽相互排斥（湧動），有無相

生，使虛無的宇宙充盈著「陰、陽元氣」，注入了無窮的活力。
這種「陰、陽元氣」均勻分布在宇宙中，呈一團和氣狀態。實體
層面上有一個普遍規律：均勻的介質，沒有凝聚點，不可能凝聚
產生任何物質。一團和氣宛如「均勻的元氣湯」同樣不會凝聚產
生新的東西，永遠是一鍋均勻的一團和氣，宇宙處於無所作為的
平靜狀態。此時**概率**起了扭轉乾坤的作用，促使宇宙從無所作為
的狀態甦醒甦醒過來，宇宙母親發情並且「懷孕」了，醞釀了一
個物質胎兒。

8・神奇的概率

　　概率是宇宙內在的一種屬性，可以這樣比喻概率，此刻它扮
演著蕭何的角色，成也蕭何敗也蕭何。它的「公平」特性使陰、
陽元氣呈現均衡趨勢，斷絕了宇宙母親「懷孕」可能，然而它的
「弱點」又促使了宇宙母親「懷孕」。

　　「概率」這個神奇的角色，別瞧它那漫不經心的隨機性格，
在紛繁複雜的自然變化中，誰多誰少，誰強誰弱，誰「是」誰
「非」它心中都有一筆明白賬，隨時進行調整，保持自然界各自
關係的相對平衡。它掌握生物雌雄的多少，分配人類男女的均
衡，控制物種的興衰，調節自然環境的適度，甚至於決定著宇宙
萬物的生死存亡，可以說它是宇宙萬事萬物的總調度師。

　　它在人們的日常生活中，也頻繁出現，干涉人世間的紅塵凡
事。人們最熟悉的是擲硬幣遊戲，這就是概率在起作用。硬幣有

正反兩面，在基本情況不變的條件下，正反兩面是隨機出現的，概率控制著它們露面的幾率，它絕對不會寵愛某一方，讓其當主角，一直拋頭露面，讓另一方當配角，默默無聞，它總是不偏不倚大公無私地對待雙方。擲的次數越多，它那大公無私的秉性越明顯，正反兩面露面的幾率是二分之一。

可是它有一個無法克服的「弱點」，擲的次數越少越難以公平對待雙方，它不可能在擲硬幣的每一次具體過程中，像魔術師那樣，讓硬幣的正反兩面同時露面，以體現自己的絕對公平。此時，它只能任其隨機，聽天由命，讓某一方先露面，甚至它還會睜一隻眼閉一隻眼，讓先露面的這一方多次露面，擲三四次，三四次都是同一方露面，這也是常有的事，於是在局部的過程中會發生概率不平衡的現象。

現在回到充滿「陰元氣」和「陽元氣」那均勻勢態一團和氣的宇宙中，看看概率是怎麼起作用的。由於概率的「弱點」，在某個局部區域（點）的不平衡，造成「陰元氣」或者「陽元氣」的氣質密度疊加。元氣疊加的狀態如何理解，以人的狀態來比如，年輕人的元氣旺盛，表現出朝氣勃勃，老年人元氣衰退，表現出暮氣沉沉。他們的氣質神態截然不同，其活力也截然不同。宇宙的元氣也類似這種狀態，疊加處的元氣活力比周圍的元氣更加充沛。

9·「厚德載物」效應

引用漢語的成語「厚德載物」，恰如其疊加的元氣狀態。中國古代的「易經」「國語」都有厚德載物的記載，指道德高尚的人能承擔重大任務，這也是中國古代樸素的辯證唯物宇宙觀，天高行健，地厚載物，容納萬物。疊加的元氣，具有「厚德」的氣質，這裡的「德」不是道德的德，應該理解為氣質的密度，這種厚德載物效應，具有異性相吸的魅力，吸引了周圍不同氣質的元氣。

宇宙性別有如老子闡述的「玄牝之門」，「玄牝」指玄妙的母性，是孕育和生養天地萬物的母體。「門」雌性生殖器的產門，比喻造化天地生育萬物的根源。

當一個疊加的元氣出現時，猶如宇宙母體排出一個「卵子」，它具有「厚德載物」的天然吸引力，周圍的元氣紛紛流向這個「卵子」，這個過程，就如婦女子宮內精子與卵子結合懷孕，於是宇宙「懷孕」了，成為一個「孕婦」。

元氣被吸引流動時，不是連續的，而是一份一份的量，並且產生不同的動能與熱量，不斷地注入「卵子」，這種天然的「營養」促使「卵子」不斷壯大。

10 · 宇宙母親「分娩」

　　拿人類來比方，卵子在母親子宮內發育成長，構成嬰兒身體的是各種組織細胞，有腦細胞、骨骼細胞、內臟內臟細胞等等。宇宙母親的「卵子」發育成長，構成其「嬰兒」的細胞，是基本粒子，由於元氣有陰陽之別，所以基本粒子也具有正負之分。元氣在流向「卵子」（疊加的程度差異）時有著不同的速度，攜帶的能量也有差異，從而形成了不同類型的基本粒子（細胞）。

　　量變促成質變，質變轉化為相變，形成一個高密度、高能量、高溫度的「核」，也可以說懷下了一個物質宇宙的胎。

　　婦女十月懷胎產子，宇宙母親懷胎多少時間才產子呢？宇宙母親沒有時間因素的，時間是伴隨著胎兒誕生的，按照人類的時間觀念，那肯定是一個無比漫長的過程，對宇宙來說，無所謂漫長與短促，水到渠成，都是瞬間的事，（生活中，人們就能夠體會到這種沒有時間的感覺，如一個人熟睡七八個小時，或者昏迷了幾個月，清醒來後沒有一點時間感），宇宙母親「分娩」了，那就是開天闢地的大爆炸。

　　宇宙母親「分娩」事件很多，可以說多子多孫，其中有一個開天闢地大爆炸，誕生了一個物質宇宙，被美國天文學家埃德溫・哈勃發現，這就是所謂的宇宙起源。（正確的說法，應該是物質世界的起源。宇宙只有一個，而且是唯一的，不可能誕生兩個宇宙，但是人類把這個廣闊無垠的物質世界稱為宇宙，已經成

為習慣，這裡也按照人類的習慣稱呼物質世界為物質宇宙。）

　　這就是無中生有的大概過程。塞謬爾・克拉克百思不解的「有東西」就是這個道理。中國北宋哲學家張載，也知曉這個道理，他有一句名言：太虛不能無氣，氣不能不聚為萬物。

第一推動力

宇宙發展歷史進程，一刻也脫離不了力，是力推動了宇宙歷史進程的發展。

誰在推動宇宙歷史？宗教有一個創世概念，哲學上有一個第一因概念，在邏輯意義上，有一個因果鏈概念。這些概念都不過是一種語言學方面的結論，不能解答深刻的創世問題。

創世就牽扯到造物主上帝。宗教的上帝並不是宇宙本身，如果是宇宙本身，宇宙已經存在了，造物主上帝不是就多餘的嗎。所以在邏輯上講造物主上帝應該是外在的事物。可是宇宙是一個包羅萬象的事物，沒有什麼外在的餘地，上帝在什麼地方？它立足點都沒有，如何造物，越想越邏輯混亂。

那麼第一因總是有的，物質世界的因果關係鏈少不了第一因，哲學家對第一因最感興趣，不遺餘力探討。羅馬天主教教會他把第一因稱為一切原因的原因，顯然這個原因就是上帝，因為存在上面所說的邏輯混亂，天主教教會將上帝來了一個移花接木，與宇宙一體化，宇宙是表象，上帝是原因。柏拉圖，亞裡斯多德都探討宇宙的第一因，也就是第一推動力。他們那時認識的科學有限，都不知道星系的存在，更不知道大爆炸和量子力學，潛在的神祕第一推動力困惑著他們的頭腦，只好將創作者（造物主）推出來作為邏輯的需要。

一直到科學發達的現代，說到力，普通人也就知道牛頓的萬

有引力，在學校裡，中學生就要學習牛頓的力學三大定律。在日常生活中人們接觸的力名目繁多，對力習以為常，對力的原理不以為然。

科學界對力相當重視，尖端科技，都離不開力，發射火箭、航天器、人造衛星等等，科學家首先要對各種力進行精密計算，才能準確無誤地達到預定的目標。

有一些科學家並不滿足力的實際應用，他們專門探索力的種類，從名目繁多的力中總結出世界上只有四種力：引力、電磁力、強力、弱力。萬物變化都是由這四種力作用的。

科學無止境，自然科學家從力的因果關係上一步一步地探索力的源頭——第一推動力。這也是哲學家、宗教追求的「聖杯」——最高原則的終極問題。

這個第一推動力的「聖杯」，從古希臘蘇格拉底、帕拉圖、亞裡斯多德就想摘這個「聖杯」，認為存在一個「創造者」推動宇宙萬物運行，那時他們眼中的宇宙是以地球為中心的可見天體，遙遠的一些天體運行現象，與他們計算的結果不符，搞得他們一頭霧水，忙於「挽救」那些不守規則的遙遠天體，更加不明白「創造者」的實質，只能望「杯」興歎。

牛頓是經典力學的奠基人，對力特別關注，力的來龍去脈他都要刨根問底，弄個明白，他最著名的是發現了萬有引力。晚年他一直在思考所有這些力的第一推動者是誰，最後他的結論是上帝。是上帝一次性開足了發條，使所有的力運轉，上帝就此高枕無憂，百事不管了。牛頓的上帝顯然是虛構的，宗教倒是肯定牛

頓是一個虔誠的基督徒。

愛因斯坦對力更加深思熟慮，他研究的力越來越複雜，他創立的廣義相對論，是力的集大成，是開啟宇宙祕密之門的鑰匙，然而，他愛鑽牛角尖的思維，碰到第一推動力就鑽不下去了，直到晚年也一直思考這個問題，上下求索，還「請教」過上帝，他心中的上帝是受斯賓諾莎的上帝的影響，是一種自然上帝，方向倒是正確的，但是他始終沒有超越物質世界的樊籠，一直在物理世界裡（第二歷史層面）尋尋覓覓，最後還是無果而終。

現代科學家，哲學家對這個「聖杯」非常感興趣，他們大多是從物理原理上探索原因，有時也思考神，但是這些學者誤解了神的實質，把神和自然割裂開來，在迷信的雲霧中摸索，迷失了方向，只好望杯興歎。這個終極問題一直困擾著人類。

要摘這個「聖杯」，首先要認清楚宇宙的歷史，尤其是第一層面的歷史，思維進入「神」的領域——實體。在這個「實體」中，領悟陰陽對立統一的自然法則、無中生有的機制，還有概率的作用，元氣的本質，等等因素邏輯推理，匯出來這個推動萬物生存與運動的力，這個「聖杯」是一系列自然因素，一環扣一環，精雕細琢自然而成的。但是，它起源於屬性為神的領域裡，其功勞歸咎於上帝，上帝是第一推動者也說得過去。這和迷信色彩的神、上帝完全不是一回事。

人們都是在宇宙第二歷史層面、第三歷史層面裡尋尋覓覓，一葉障目，只見物不見「神」，當然找不到這個「聖杯」，只好望杯興歎。

第三歷史層面
——識在

　　時間線索：史前宇宙母親「懷孕」「分娩」到宇宙大爆炸，誕生一個具有物質性質的世界──物質宇宙，具有實質性的時間也隨著誕生。每一個時間段都會湧現出各種宇宙事件，被人（科學家）認識後記載下來，成為真實的可以感觸到的宇宙歷史。這段歷史應該是從人類文明時代延續至今──21世紀。

　　歷史層面與歷史層面的過度時，沒有截然分清的界線，必然會出現一段你中有我，我中有你，兩個歷史層面摻雜在一起的現象，這是正常的歷史現象，請讀者務必理解。

　　宇宙歷史層面的第二階段──實在，宇宙母親誕生了實實在在的東西──物質。（在人類沒有認識之前，對人類來說都算是虛歷史）

　　物質誕生的過程，有一個幾百億年的演變歷史，這段演變歷史過程是後來被人類的科學家觀察探索研究發現出來的，因此，這個過程也稱為認識過程，就是本書說的「識在」層面。

　　宇宙的歷史被現代人認識後，才充分以物質的形式展現出來，使以前虛幻的實在歷史變成現在的真實歷史，述說這一真實的物質演變歷史過程，是本書的主線內容。

　　物質演變過程的歷史，是以歷史事件為主，其中科學家在探索研究宇宙現象時進行的推導、實驗、論證、計算等過程為次。這些都尖端的天體物理科學，深奧難懂，本書是歷史類的書，以歷史事件為主要內容。那些理論性的東西，只能淺易地陳述一下，其中難免有不少片面、不周甚至失誤之處，但是不會失去歷史主體事件的真實性，讀者可以置高深理論不顧，或者泛泛地瀏

覽瀏覽一下，知道有這麼一回事就夠了，肯定不會影響你理解宇宙歷史的連續性。

宇宙第三歷史層面的**識在**歷史中，人、天、物聯繫在一起，其層次紛繁複雜，在敘述時，往往會時間前後交錯，現象與實質交融，遠古與現代交替，探索與真相難辨，歷史層面的順序很難保持一致，不能像寫人類歷史那樣，時間順序分明，不會古今顛倒。宇宙歷史交錯，必然會使讀者產生一些困惑，為了緩解這些問題，本書先作一個大概提綱，分別描述科學家探索到的物質宇宙現象和現象的本質，這些內容的歷史都是以科學家探索研究宇宙天體過程為背景，科普性質的內容較多，歷史與科普相結合，不但層次清晰，知識性更豐富。這也是本書的獨特風格。

1・人類認識宇宙的歷史 [印章]

> 700萬年前誕生了人類，5萬年前出現了現代人，五千年前
> 人類就開始觀察天象，兩千年後人類對天象有了神話與
> 理性的認識，十七～十九世紀現代人對宇宙有了科學的認
> 識，二十世紀，現代人登上月球，21世紀現代人有了高科
> 技儀器對遙遠的宇宙探測。

　　宇宙的歷史是有了人類開始才從虛幻歷史中顯現出來。人類
和宇宙相比，渺小得可以忽略不計，可是，這個「微生物」能量
不小，在人類成長過程中，從來沒有停止過對宇宙的探索，古希
臘人在哲學、宗教和自然科學上一直在探討宇宙的本原，亞裡斯
多德曾經長期以極大熱忱觀測星象和自然現象，留有許多珍貴資
料。中國在戰國早期，就對天象進行了系統地觀測，在天空劃分
了「四象」，用四種動物形象相配：東——蒼龍，西——白虎，
南——朱雀，北——玄武（龜和蛇的結合），標誌28個星宿的位
置，稱為二十八宿。中國東漢時期的張衡觀測天象，記錄了中原
地區能看到的2500顆星，並繪製出中國第一幅較完備的星圖，還
正確解釋了月食現象。美國發射了太空船旅行者2號，這是發給
宇宙的一張明信片，上面記載著人類的形象和文化，還有巴赫的
音樂，任重道遠地去尋找宇宙知音。月球上還留下了人類的腳

印，火星登上了人類的「勇氣號」和「機遇號」。現在人類的視線能通過哈勃空間望遠鏡，看到遠離100億光年外的宇宙邊緣的幾百個星系，連隱藏在宇宙深處的神祕黑洞，也逃不過人類的眼睛。

人類認識宇宙有一個漫長的過程，雖然對宇宙歷史來說，僅僅是瞬間的事，卻是宇宙歷史不可缺少的環節，它起到承上啟下作用，將宇宙通史順理成章地展現出來。

蒙昧宇宙觀

最早的人類（原始人）天天接觸的是頭上這片天空，陰晴冷暖是他們對宇宙的唯一感觸，還有地面的險惡自然環境，困惑和畏懼是他們的全部情感。生存是他們的第一需，瞭解天象並適應自然環境是生存的必要手段，也是一個與大自然作頑強鬥爭的艱苦過程，他們居住洞穴或樹巢之中，飲血茹毛，鑽燧取火，敲石做刀，刀耕火種，在為生存作鬥爭的同時加深了對大自然的認識，這種認識最初是直觀質樸的。從洞穴中的岩畫可以推測遠古時期的人最感興趣的是動物，那些野牛、野羊、野鹿等畫得粗獷生動，這裡只有與生活休戚相關的質樸直觀的感性，也許是一種空閒時的消遣活動，或許是某種記錄和學習，這種最原始的藝術看不出有什麼神祕的含意，可以這樣說，那時的人類對大自然現象的感受，除了生存需要以外就只有困惑和畏懼，困惑和畏懼是神話的搖籃，「神」的意識慢慢地從搖籃中萌生出來。「神」是人類特有的意識，靈長類黑猩猩的生理結構是最接近人類的動

物，它們對自然的感覺和早期的原始人的感覺沒有什麼大的差別，本質上都是以直觀為基礎的質樸單純意識。它們有自己的族群等級，行為准則，生活需求，還會爭鬥、交配、戲耍等活動，我們可以把這些實實在在的東西看作是為了生存和繁衍後代的本能行為，除此以外，它們頭腦中還有抽象的所謂「神」的意識嗎？至今沒有發現任何證據表明有。

在生物進化的某一個時期中，原始人類的大腦和黑猩猩等靈長類動物的大腦進化開始分道揚鑣了，人類的大腦進化突飛猛進，產生了高級的抽象思維，對大自然質樸認識的層面上萌生出抽象的神祕感，這也許就是人類最初的「神靈」意識。最初人類心目中的「神」只是對大自然現象，如風雨雷電等不理解而產生的神祕感，這種神祕的力量使他們畏懼、困惑而產生神靈意識，在這種意識到驅使下，把影響他們生活最深刻的自然現象塗上「神」的色彩，臆想出各種神的形象，從而製作成圖騰加以膜拜，祈求神靈保佑。表明人類對大自然現象的想像力有所昇華，這也是人類在思維上的一大飛躍。然而，可以說此時的「神」只不過是人類對自然現象不理解的膚淺產物而已，並沒有更深層次的意義，比如它們相互之間的因果關係，和宇宙有什麼聯繫等等概念，完全是模糊不清、支離破碎的。當時人類交流的語言也很簡單，更沒有文字（岩畫可能是一種記載方式），但是他們心目中的神，形形色色的故事，還是通過口頭、圖畫、圖騰或是某種方式林林總總地世代相傳下來，這些神的素材，其想像力也逐漸具體化，人格化，邏輯化，故事化。用文字將流傳下來的素材寫

成神話故事，用神話形式系統地來描述宇宙，那是人類進入文明時代的事情。人類最早對宇宙起源的想像，應該是從這些神話故事開始的。

流傳最廣泛的神話是盤古開天的故事，這是對宇宙起源和形成的一個神奇想像，宇宙鴻蒙之初，「天地混沌如雞子，盤古生於其中。時過萬八千歲，天地開闢，陽清為天，陰濁為地，盤古在其中，一日九變，天日高一丈，地日厚一丈，盤古日長一丈。如此萬八千歲，天數極高，地數極深，盤古極長，故天去地九萬裡。」盤古死後，化身為：「氣成風雲，聲為雷霆，左眼為日，右眼為月，四肢五體為四極五嶽，血液為江河，筋脈為地裡，肌肉為田土，發為星辰，皮為草木，齒骨為金石，精髓為珠玉，汗流為雨澤，……」傳說盤古的精靈魂魄也在他死後變成了人類，所以都說人類是世上的萬物之靈。盤古生前完成開天闢地的偉大事業，死後留給後人無窮無盡的寶藏，成為中華民族崇拜的英雄。至今民間還流傳著《盤古開天闢地歌》：盤古開天地，造山坡河流，劃洲來住人，造海來蓄水。盤古開天地，分山地平原，開闢三岔路，四處有路通。盤古開天地，造日月星辰，因為有盤古，人才得光明。

盤古開創的天地還不完善，地球在洪荒之時，「四極廢，九州裂，天不兼覆，地不周載；火爁炎而不滅，水浩洋而不息，……」。人類無法安生，這時有女媧繼承盤古的事業，改造地球環境，「女媧煉五色石以補蒼天，斷鰲足以立四極，殺黑龍以濟冀州，積蘆灰以止淫水。……」，使地球有了一個安穩的環

境，人類才得以安居樂業，女媧成為中華民族崇拜的女神。這就是女媧補天的神話故事。

西方有埃及神話、古巴比倫神話、古希臘神話等，以西方文化的特點來想像宇宙，以人格化昇華為神來比擬宇宙現象。埃及神話有主神拉象徵混沌，拉具有陰陽同體的特性，獨自生有大神舒（象徵空氣、光明）和泰芙努特（象徵霧），二神結合生一連體子女蓋格（象徵大地）和努特（象徵蒼天）。舒神把他們分開，就使天地分離開來。天地再結合，又誕生出地球上象徵萬事萬物的諸神。古巴比倫神話在沒有天地存在的時期，只有「原始水」阿普蘇和提亞瑪特相伴而生。隨後有諸神相繼出世：第一對是拉姆和拉哈姆，象徵淤泥；第二對是安莎和基施瓦，象徵地平線；接著誕生出天神安努和甜水神埃阿等。古希臘神話有卡俄斯是混沌的開創者，為宇宙的開端，然後出現該亞為大地女神，他們結合後生下紐克斯──黑暗和厄瑞波斯──黑夜，黑暗和黑夜結合，生下埃忒爾、乙太、赫墨拉──白晝，宇宙從此有了光明。該亞又生出了蒼天、高山、大海。最後天神宇斯率眾神用暴力推翻其父克洛諾斯（象徵時間）的統治，創立奧林匹斯新時代。

西方神話的特點之一，其諸神都有一個自然譜系，諸神都有血緣關係。創世過程、天地變化都是諸神爭權奪利，甚至有弒父篡位，用暴力推翻統治者的結果。中國神話故事中的神都沒有譜系，基本上都是一個神開創天地，如盤古開天闢地，後有女媧改造天地，他們之間沒有血緣關係，而且都是單幹，之間不存在所

謂的權力鬥爭，更不存在血腥的殺戮，宇宙變化是一個和諧自然的過程。

神話化的宇宙，是人類在沒有科學實踐的情況下，對宇宙的蒙昧認識。這種認識雖然都是以神的形式出現，其想像力還是富有邏輯性。神話故事中總是先有宇宙的開端──混沌神，後有天地，再有日月星辰，高山大海等眾神，介於天地之間的有陽光、空間、時間等神祇，這完全符合宇宙的現實狀況，神話的土壤孕育著科學的胚芽。人類的想像力是啟迪科學思維的發條，許多科學家就靠這根「發條」，探索宇宙的奧秘

理性宇宙觀

隨著人類社會生產力的發展，物質也逐漸豐富起來，文化、科學水漲船高，載著人類進入了文明時代。人類的思想從蒙昧轉為理性，遠古時代的創世神話對宇宙的想像，逐漸轉向理性的思考。

二千三百多年前的屈原，在他的作品「天問」中，對宇宙、天象、大自然等發出的質問，反映了當時知識人士對宇宙的理性思考。自夏商周到秦漢，是諸子百家，百家爭鳴的黃金時期，對宇宙和大自然的觀念，已擺脫了神的糾纏，進入了理性思考的階段，從不同視角，用哲理來詮釋宇宙。

對宇宙整體的概念，在《莊子──天下》篇裡，稱其為「至大無外」，這是對宇宙大小的最簡潔明瞭的定義。就是現代的有些對宇宙整體的說法，還沒有比「無外」更符合邏輯。

對宇宙整體進一步解釋，在《屍子》篇載有：「四方上下曰宇，古往今來曰宙」，空間和時間構成宇宙整體的觀念，具有現代時空觀的意義。

對宇宙萬物演變的學說，最具有辯證思維的要算春秋時代老子的道家思想。老子是道家的創始人，提出了一個以「道」為核心的思想體系。「道」可以理解為客觀自然規律，是先天而生，有著「獨立不改，周行而不殆」的永恆性，可以說是宇宙萬物之母。《道德經》是老子的名篇，德為道衍生萬物的蓄勢環節，因蓄勢的多寡，則形成不同的物種。萬物的演變要有動力，《老子》言：「道生一，一生二，二時三，三生萬物。萬物負陰而抱陽，沖氣以為和。」陰陽沖和是道家的重要思想原則，也是富有中國特色的文化遺產。

老子對「有」和「無」的哲理思維更為深邃精到，「天下萬物生於有，有生於無。」這個「有」就是「道」，而「道」又生於「無」。這個無中生有，很有辯證哲理，也符合現代量子力學的科學原理。老子認為，事物轉化的動因在其反面，正反、陰陽、有無都會交合而和，有無相生，對立統一。老子的名言「禍兮福所倚，福兮禍所伏」，就是正反事物的轉化。老子的這種有無相生，對立統一的哲理思維，應該是詮釋宇宙起源的根本法則，完全是宇宙歷史第一層面和第二層面的自然哲理。

儒家對宇宙萬物的變化也有獨特的觀念，其經典著作是《易經》。易有三種含意：變易，研究事物變化；簡易，從簡單的想像來推測複雜的事物；不易，即永恆不變的規律。

易有太極，太極之本義，即陰陽混成而為一的宇宙態，乃易的真諦所在。太極的標記是中央為陰陽混成的圓，象徵混沌宇宙正負能量的變化和平衡，這是宇宙之根本。由陰陽變化衍出八卦，用八個特殊符號構成八角形圖案，各象徵大自然的現象：乾卦為天，坤卦為地，震卦為雷，離卦為火，巽卦為風，兌卦為澤，坎卦為水，艮卦為山。所謂「太極生兩儀，兩儀生四象，四象生八卦。」就是太極圖的結構與生生不息、變化無窮的過程。

《易經》通過八卦形式，以八種自然現象的相互變更來推測自然和社會的變化，認為陰陽兩種勢能相互作用，是產生萬物的根源。「剛柔相推，變在其中。」等富有樸素辯證法觀點，是儒家認識自然和社會的思想方法。但是，陰陽八卦思想操作極為深奧，其中陰陽進退、相錯、相克、相生等神祕而晦澀，到底代表什麼，人言人殊，各人的領會都不同。倒是有人利用八卦來占卜凶吉，流傳甚廣，成為民間的迷信活動。這當然違背了儒家的本意。

五行論思想，也是中國古代思想家用以詮釋宇宙現象的一個重要分支。所謂五行，就是水火木金土，五種物質，被認為構成萬物的元素。春秋時代產生五行相勝思想，戰國時代五行學說頗為流行，出現五行相生相勝理論，「相生」意味著相互促進，如「木生火，火生土，土生金，金生水，水生木」等。「相勝」即相克，意味著排斥，如「水勝火，火勝金，金勝木，木勝土，土勝水」等。這些觀點都具有樸素的唯物論和自發的辯證法因素。

到了兩漢時期，五行又與太極、陰陽、八卦聯繫起來，形成陰陽──五行──八卦體系。漢代董仲舒所著的《春秋繁露》，

楊雄所著的《太玄經》等，就是代表這種思想。這裡有數理的關係，如把天列為奇數，地為偶數。則五行形成的順序為：「天一生水，地二生火，天三生木，地四生金，天五生土。」這裡有時間與空間對應：如屬水，在北方，是冬；屬木，在東方，是春；屬火，在南方，是夏；屬金，在西方，是秋；屬土，在中央。這裡有天文學的時間順序，中國古代曆法就是按照五行的時間蘊義制訂出來的。先秦以來，天干、地支紀年月日時，相對應，天干為十，即甲乙丙丁戊己庚辛壬癸；同五行對應有甲乙屬木、丙丁屬火、戊己屬土、庚辛屬水。地支為十二，即子丑寅卯辰巳午未申酉戌亥；同五行對應有，寅卯屬木、午巳屬火、辰戌醜未屬土、申酉屬金、子亥屬水。這種曆法在中國民間還在廣泛使用。

縱觀中國古代的宇宙觀，一條主線貫穿其中，那便是「太極」。「太極」負陰抱陽，相輔相成，構成宇宙全息之氣，以陰陽之氣釋天、釋地、釋人，釋天地之間一切事物和事由，可以說太極論體系是中國古代宇宙論思想之集大成。

中國古代的宇宙論思想，雖然有相當高的文化價值，卻沒有把這些理論轉向對大自然的應用，而是轉向人性和社會，所以在教育人，從而在鞏固統治者的地位、權利上有一套完整的體系，忽視了自然科學的發展。眾所周知的中國四大發明，由於沒有得到發展，成果讓外國人摘去，真是莫大的遺憾。再則，中國的太極論體系深奧晦澀，難以用語言闡述明白，更難以用科學方法加以證實，恰如老子所感歎的：惚兮恍兮，玄之又玄！故西方人稱之為神祕主義色彩的東方藝術。

在中國諸子百家爭鳴的黃金時期，世界的另一面，古希臘文明早已崛起，湧現出許多著名思想家。文明的發展，知識的積累，對宇宙的認識也產生了昇華。宇宙是什麼？便是古希臘哲學家、科學家必須面對、無法回避的根本問題。他們的思維形態已從神性的想像中脫穎而出，逐漸以感知的經驗來進行理性思考。

從神到物，是認識宇宙的一個昇華。阿拉克西曼德認為，宇宙的本原是物質的，稱為「無固定者」，在永恆的運動中，「無固定者」分離出對立的物質：冷與熱、幹與濕等。後形成漩渦式的運動，萬物由此產生。阿拉克西米尼認為宇宙萬物的本原是氣，氣可轉化為物，物亦可轉化為氣。恩培多克勒是哲學家兼詩人，他的想像力更豐富，對宇宙本原提出了「四根學」，即「氣火土水」，出於他的詩人氣質，他用「愛與恨」的衝突來解釋萬物變化的動因。還有一個原子論的先驅者，德莫克利特，他的智慧超前，提出原子是物質的最小單位，物質是原子的集合。這是他最傑出的思想，也是從小尺度的微觀角度來思考宇宙的第一人。

創造宇宙幾何結構的同心球殼層模式的第一人，要算是蘇格拉底的學生柏拉圖了。他受老師的影響，認為宇宙是被創造出來的，憑著他的想像與類比，把宇宙創造想像成工匠製造產品一樣，要有範型、材料、和工藝。範型是同心球殼模式；材料是火土水氣四元素；工藝是數學和運動。把上述這些因素綜合起來，就是創造者，柏拉圖稱之為德穆革，是按畢達哥拉斯學派的幾何數學模式建立起來的。這個模式中：地球靜止不動，居球殼內層的幾何中心位置；外層由近而遠依次排列著月亮、太陽、水星、

金星、火星、木星、土星和恒星。按柏拉圖的理念，所有的天體都應該圍繞地球作圓周運動，可是，在人們的觀測上，仍有一些天體在自由自在地遊蕩，像一群沒有歸屬的流浪漢。柏拉圖不得不對自己設計的宇宙模型進行數量上的調整，企圖使那些不遵守秩序的「流浪漢」規範起來，這就是柏拉圖的所謂「挽救現象」。結果，不論柏拉圖如何努力計算，也無法挽救那些「流浪漢」就範。有些行星的速度，看起來仍是時快時慢，方向時順時逆，他的「挽救現象」的行動失敗了，問題被遺留下來。

柏拉圖的學生歐多克斯，繼承老師未完成的事業，繼續進行「挽救現象」，把天體從二十七個增加至三十四個，搞得這個宇宙模型的結構越來越複雜，結果還是挽救不了那些「違規」現象。歐多克斯納悶了，他猜想也許在這之外，還有一種自然力在推動那些「違規」天體運動，它們根本不受地球的管轄。這個猜想倒是有點門路了，可是，當時沒有觀測能力，無法進行考察，失去了在宇宙認識上前進一步的機會。

柏拉圖的另一位學生亞裡斯多德，是一位傑出的哲學家、科學家，他知識淵博，思想深銳，喜歡和弟子們一邊散步一邊討論學術問題，人稱逍遙學派。亞裡斯多德崇尚感知的經驗，他的思維是與長期不懈觀察自然現象聯繫起來的。他曾經觀察了地球在月亮上圓形影子的月食現象，和地平線外先露出來的船帆，然後才看到船身的現象，證明地球是圓的，而不是平的。還觀察了北極星在各地區的位置差別，計算出地球的周長。亞裡斯多德也是一個地心論者，如此學識淵博的人怎麼也會持這樣錯誤的觀點

呢？這是當時的歷史條件所決定的，他的前輩都是這個觀點，而且從他觀察的實踐來看，不容置疑的是月亮、太陽、水星等，都圍繞著地球運轉，憑經驗，他相信自己的觀點是對的。至於那些不守規則的流浪星體，他沒有用前人的數學方法，而是用物理學方法來「挽救」。他把這個以地球為中心的宇宙體系，設計出了五十六個天體，經過改造的宇宙模型，雖然收留了一些「流浪漢」，但終究澈底澈底解決不了一些天體「亂動」現象。這個以地球為中心的宇宙模型，仍是不完善的。

「挽救現象」一直沒有停止過，阿波羅尼提出「本輪」、「均輪」構想，喜帕恰斯提出「偏心輪」概念，來解釋有些星體為什麼會時順時逆運行，都彌補不了「地心體系」的漏洞。只有阿裡斯塔克跳出了「地心論」的框架，大膽地提出了「日心論」的假說。一個新的事物總會遭到舊勢力的壓制，他的合理設想夭折了。

到了西元二世紀，有一位天才的天文學家托勒密，把前人對宇宙的構想綜合起來，加以調整改造，精心構築出一個最完備的地心論宇宙體系。其基本模式沒有改變，只是增加了幾個天球，最外一層鑲上了固定的恒星，在他的星表裡記錄了1022顆恒星，分屬於48個星座，它們總是停在不變的相對位置，總體繞著天空旋轉，再外面有什麼東西，無法觀測出來，這樣就留出了一個想像空間，後來給宗教開闢了天堂和地獄──人類最終的歸宿。為了說明各星球在天空中，被觀察到的相當複雜的軌跡，托勒密在本輪、均輪、偏心輪上作調整，經過精密計算，使太陽、月亮和

行星的空間方位的誤差，不超過二度，挽救了整個天體在天文現象與觀測上相一致。在那個時代，托勒密的宇宙模型還是近乎完美的，廣泛地被人們接受，基督教也接納了這個與《聖經》相一致的宇宙圖像，流傳了一千四百多年。

科學宇宙觀

歐洲經過一千多年的中世紀漫漫黑夜，一顆明星在波蘭升起，這就是哥白尼的「日心論」。

早在西元前三世紀，古希臘天文學家阿裡斯塔克提出過地球繞太陽運行的「日心學」假設，由於遭到宗教勢力的反對，他的「日心論」只能是曇花一現，偃旗息鼓了。哥白尼受「日心學」假設的啟迪，觀測了大量的天象資料，寫出了以「日心論」為基礎的《天體運行論》，由於害怕教會對異端學說的迫害，哥白尼只能將他的觀點匿名流傳，當時人們還沒有普遍接受他的觀點。將近一世紀以後，兩位天文學家：德國的開普勒和義大利的伽利略才公開支持哥白尼的日心學理論，哥白尼的學說才公開面世。

哥白尼的日心論宇宙結構，仍襲用托勒密的宇宙模型，其根本性的不同，就是太陽與地球換了位置，太陽作為靜止的中心，諸行星包括地球在內，環繞太陽運行，並精確計算出各行星的運轉週期：土星30年運轉一周；木星12年運轉一周；火星2年運轉一周；地球攜同月亮1年運轉一周；金星9個月運轉一周；水星80天運轉一周。而且還把地球自轉、公轉的軸傾斜角也計算出來了。這是對宇宙認識上的一次飛躍。

　　哥白尼以客觀的自然規律來詮釋一些天文現象，其中沒有人為的「挽救現象」，更沒有神性的目的原因，上帝被解職了！所以說哥白尼的「日心論」是一面科學向宗教宣戰的革命旗幟。然而，哥白尼的日心體系還有許多問題，他沒有完全瞭解行星運動的規律，還以為行星是在作均速圓周運動，其軌道是正圓的。在結構上，除太陽取代地球的位置外，許多都是襲用托勒密的宇宙模型。所以，哥白尼的日心體系，仍是不完善的。

　　到十六世紀末，天文望遠鏡有了很大的改進，精確度提高了許多。丹麥天文學家第谷，觀測天象二十多年，積累了大量的天文資料，曾是第谷助手的開普勒總結這些資料，對行星逐一進行觀測，發現了哥白尼宇宙體系的許多錯誤。首先指出，行星的運行軌道不是正圓而是橢圓的，太陽居中心位置，是各行星運行軌道之共同焦點。每個行星就沿著單一的方向運動，也就沒有必要人為的附加複雜的本輪。在這個發現的基礎上，開普勒計算出行星在繞太陽運行時，其速度並不是舊宇宙體系所說的是勻速運動，而是在速率上有所變化，其規律是近太陽時，行星的速度趨快；離太陽遠時，行星的速度趨慢。而太陽和行星的連線在相同的時間裡，掃過的面積相等。還計算出行星公轉週期的平方一定同該行星與太陽的平均半徑的立方成正比關係。這便是開普勒的三大定律：軌道定律、面積定律、週期定律。修正後的哥白尼理論趨於完善。

　　那時歐洲人的頭腦，由於長期受宗教理念的禁錮，還比較保守。他們看到日出於東方，日落在西方，太陽繞地球運轉，這是

天下人有目共睹的事實，難以接受地球繞太陽運轉的新理論。還有一點近乎幼稚的想法是，如果地球繞太陽運轉，怎麼人一點沒有感覺到地球在動。讓人們頭腦開竅，逐漸接受新理論的人是物理學家伽利略。

在開普勒研究行星運行軌跡時，伽利略也在專心用他自製的望遠鏡觀測更廣泛的天文現象，甚至遠及銀河系的群星，用以證明日心體系在遠距離的觀測上也是正確的。為了讓人們消除地球為什麼不感覺到動的疑問，他從物理學原理來解釋這個疑問。地球在運動的同時，也把動力傳給了地球上所有的物體（包括空氣在內），使人和所有的物體得到一個慣性力，人和物體便隨著地球一起運動，由於人和地面之間沒有相對運動，所以人感到地球是靜止不動的。伽利略還用船來打比方。一隻在作勻速、平穩運動的船，在封閉艙內的人，是感覺不到船在運動還是停止不動。艙內的一切物理現象和在地面上一樣，人往上跳時，不會因船向前進而落在原點的後面，依舊是落在原來的地方；蒼蠅在飛行時，也不用加一把力來趕上船的前進速度，更不會被船拋的後面去。地球和船艙一樣，是運動的集合體，地球在運動是不容置疑的。

伽利略對科學作出了很大的貢獻，卻沒有得到好報，由於他反對托勒密的地心體系，支持和發展了地動學，羅馬教廷視其為異端邪說，遭到審判監禁。伽利略的冤案一直到1984年才得到羅馬教廷的平反昭雪。

經過幾個世紀的不懈努力，天文學家、科學家對宇宙模型的描述，不論在形態上、運行規律上、時間週期上等都趨於完善

了。然而，這些都是天體的表面現象，一個深層次的問題正等待科學家去探討索：為什麼行星圍繞著太陽運轉，而不各自分離或相互碰撞、墜向太陽。沒有搞清這些問題之前，宗教的有神論影響著人們的頭腦，無神論者則相信科學，認為其中一定有什麼內在規律在起作用。

當時有一些科學家在探索這個看不見、摸不著的謎，其中笛卡爾的「乙太旋渦」的猜想最有影響力，惠更斯、胡克、倫恩、哈雷等都傾向這個觀點，還算出了「乙太旋渦」力與星球距離平方成反比的科學猜想。

牛頓也在探索這個謎，他是一個愛孤獨思索的怪人。傳說一隻蘋果從樹上掉下來碰出了他的靈感火花，對他這個愛鑽事物本質牛角尖的人來說，這完全有可能的。蘋果從樹上掉下來，在平常人的眼裡，這是很正常的事，牛頓卻視為「反常」的現象。他對這個問題陷於沉思，蘋果為什麼不停在空中，或飛向天空，而要落到地上。這裡面必定有一種力在起作用，經過深思熟慮後，牛頓把這個力稱為引力。引力產生於物質，物質與物質之間都有引力。牛頓總結了前人的經驗，提出了引力定律：1·引力與物體的品質成正比；2·引力與物體之間的距離之平方成反比；3·引力作用使星球的運行軌跡成橢圓形。這便是牛頓發現的萬有引力定律。天文學家用萬有引力定律考察開普勒提出的行星的橢圓形軌跡時，發現二者吻合得非常好，從科學理論上證實了開普勒的宇宙模式的正確，同時，也反過來證實了牛頓的萬有引力定律的正確。後來對哈雷彗星的預言、天王星、海王星的測定和考

證，都證明瞭牛頓引力定律的正確。直到今天還在用於對人造衛星的速度和運動軌跡的計算，有著相當高的精度。

　　牛頓的成就輝煌蓋世，證據確鑿無疑，連頑固的教會也不得不承認太陽是宇宙的中心。不過，教會對太陽或地球誰是中心並不重要，重要的是上帝創造了世界。科學和宗教好不容易地取得一致，卻又在誰創造世界上產生了分歧。這個問題非高科技和嚴謹活躍的思辨不能解決。

現代宇宙觀

十八世紀後期科學突飛猛進，各類大師級科學家層出不窮，宇宙奧秘一個個揭示出來，這是人類探索宇宙的黃金時代，以下分別述說其豐富多彩的探索宇宙的研究成果。

2・宇宙大爆炸出的第一個產物
──時間與空間 🀫

　　　時間線索：140億年前的宇宙大爆炸，這是我們這個物質宇宙的開端，首先是時間與空間誕生，世人對時間與空間只是感性的認識，一直到20世紀初，時間與空間才有了科學的定律。

　　宇宙大爆炸首先把時間與空間誕生出來，識在層面的歷史就此開始展現。那時具體的物質還沒有產生，時間與空間也短小得難以度量，這一瞬間是科學家研究物質宇宙起源最有研究價值的歷史點，根據目前的技術水準，至少可以回顧大爆炸發生10^{-43}秒，這是一個難以想像的時空點，物質宇宙空間小得恐怕連普通的顯微鏡都無法看到，溫度達到令人咋舌的千萬億度，所有的物質都是在這個超高溫的「煉丹爐」裡提煉出來的。

　　此時在超高溫下，物質無影無蹤，尚未形成，超高溫阻止不了時間與空間的膨脹，隨著時間的推移空間不斷膨脹，據科學家推測，開始的第一秒鐘，其膨脹速度超過光速，科學家稱其為爆漲，可想而知，物質宇宙一下子就膨脹成一個龐大的空間，裡面的變化太多太微妙了，這裡暫且將千變萬化、神祕莫測的東西放在一邊，後面章節再描述，先將時間與空間的本質與它們的奇異現象展示出來。

　　時間和歷史是糾纏在一起的狀態，寫歷史少不了時間，以前宇宙沒有時間，無可奈何只好在模糊中寫宇宙歷史。不過，這段歷史是一切歷史的基礎，猶如造樓房打的地基，沒有它，樓房造不起來。現在有了「地基」，時間就順理成章誕生了。那時的時間僅僅是事物變化過程的順序，這種過程含蓄著時間，空間是看得見的東西，它越來越大，並且與時間有著密切關係，它們倆就如一對雙胞胎。

　　當時間與空間不斷膨脹，溫度也逐漸下降，在物質宇宙千變萬化中，人類誕生了。人類對這個「雙胞胎」的認識有一個漫長

的過程，曲折的歷史。

　　起初，人們看到的是不變的空間和感覺到的流逝的時間，時間太習以為常了，不就是一天24小時，一年365天，根本不會引起普通人的探索。世人除了感慨人生苦短，抒發日月如梭，光陰如箭的文學浪漫味外，對時間沒有理性的認識。有時會寫出「山中方七日，世上幾千年。」的文章，那也不過是神話而已。按科學家的說法，時間與空間是分不開的，這裡為了述說方便，暫且把它們分開，現在先說時間。

時間

　　宇宙的時間其實是一個奧妙無窮的東西，包含了宇宙的全部祕密。可是，一到人類的眼裡，時間變得最普通不過的東西了，無非就是一分一秒的那種流逝的光陰，光陰如箭，日月如梭的那種快速飛逝的時光，太陽從東邊升起，從西邊落下的那種現象，春夏秋冬的那種循環循環變換的季節，地球繞太陽運轉一周就是年365天，地球自轉一周叫日，24小時，這種人們所理解的時間，科學家定義為經典時間或者牛頓的絕對時間。所謂絕對時間，時間是普適存在的東西，好像是上帝公平施捨的東西，是一個與空間絕對獨立、互不相干的獨行客。光陰如箭，日月如梭，時間無情地流逝，公平地對待所有事物，全人類，太陽地球和所有的星系，都經歷相同的時間。不論你處在何方，怎麼運動，速度多快，時間都是不偏不倚、不多不少，絕對一致，絕對公平。誰也影響不了它的腳步。牛頓也是以這種時間來計算事物，建立

了他的力學體系，並且在科學領域獲得了巨大的成就。對一般的老百姓來說，幾千年來，人們感覺的就是這種習以為常的經典時間，從來沒有影響人們的生活。

空間

宇宙實體是以無邊無際空間的形式呈現存在的，屬性為神，現在的空間屬性改變了，屬於物性的東西，是看得見、感覺得到的東西。在普通人的眼裡，它平坦安靜，無限廣延，永恆不變；在這個空間的所有物體，不論怎樣運動，都不會改變其形態，也就是說，一個靜止的物體和一個運動的物體，它們的長、寬、高都是相同不變的。科學家把這種看法叫做絕對空間或牛頓的經典空間。

牛頓的絕對時空觀（經典時空），在兩百多年裡，從來沒有人懷疑過，應用他的時空觀來計算事物，從星際天地，到電子王國，從冷熱世界，到力學領域，都是準確無誤，沒有出過差錯，贏得了一個又一個的科學成就。

自從出了愛因斯坦，他創建了狹義相對論和廣義相對論，揭示了時間與空間的奧秘，原來時間和空間並不是自顧自的獨行俠，而是兩者聯在一起的密不可分的**時空**，這個時空中由引力、物體的運動速度等，編織成一張若大無邊的「蜘蛛網」，普通人再也看不懂這個怪東西了。

在這張「蜘蛛網」前，牛頓要靠邊站了。現代科學探索宇宙，比如發射太空飛船，人造衛星，如果用牛頓的絕對時空觀來

計算，就會差之毫釐失之千里，目標是月球，結果飛到火星上去了。當然，科學家也不會如此馬大哈。

這個「蜘蛛網」非常靈敏怪異，萬事萬物的一舉一動都會驚動這張「蜘蛛網」，雖然不會有大蜘蛛來吃你，但是它會以光速作出無法讓普通人相信的具體反應。舉一個宏觀世界的例子來看：我在觀看F1大賽，你駕駛賽車飛速在我面前駛過，速度牽動了那張無形的蜘蛛網，我和你的時空發生差異，靜止的我時間不變，高速度的你時間變慢了，空間也有差異，靜止的我，形態不變，高速度的你，變瘦了（按運動方向變化）。由於賽車的速度相對光速來說，像蝸牛那樣慢，所以時間與變形極其微小，大家都看不出，也感覺不到，除非用精密儀器測量。但是你的賽車接近光速行駛，變化就明顯了，你一個普通的回頭動作，平時半秒鐘不到就完成了，現在在我看來幾乎是看電影裡的慢動作。還有在我看來你的賽車短了一大截，身體也瘦得像麵條。這種奇妙的效應，完全取決於速度，速度在蜘蛛網中，起作重要作用（以上行為是相對的，你看我亦然）。中國神話山中方七日，世上幾千年，「山中」和「世上」是兩個不同速度的時空，所以時間有差異，古人似乎也懂得相對論。秦始皇千方百計想找長生不老的藥，相對論可以幫他實現，騰雲駕霧以光速行駛，就可以長生不老，因為以光速行駛的人，他的時間等於0，時間停止了，人也就不會衰老，至今還活著。不過，有得必有失，秦始皇的身體形狀變成微觀粒子了，雖然獲得了萬壽無疆，卻屁也不是。

3‧時間與空間的變遷

時間線索：19世紀科學家發現經典時空與新科學發生矛盾
至20世紀初以新的時空觀化解矛盾。

人類認識時間與空間不是一帆風順的，一直到20世紀初，人們的時間與空間的認識，仍然是牛頓的經典時間與空間的概念。牛頓的經典時空觀，對於普通老百姓來說，一點問題都沒有的，對傳統科學也沒有什麼問題，甚至以牛頓的時空觀來計算自然現象，取得一個又一個的輝煌成果。到20世紀初，牛頓的經典時空觀竟然出了問題，與麥克斯韋方程組發現的電磁波的光速產生了矛盾。

早在19世紀末，宇宙的空間和時布滿布滿了疑雲。問題是從相對性原理中露出矛盾端倪的。

相對性原理思想自古就有了，在中國漢代成書《尚書緯》中記載：「地有四遊，冬至地上行北而西三萬裡，夏至地下行南而東三萬裡，春秋二分是其中矣。地恒動而人不知，譬如閉舟而行不覺舟之運也。」意思是說地球在運轉，乃至有春夏秋冬之分，但是人和地球之間是相對靜止的，所以人不感覺到地球在一直動轉，人在封閉的船內，感覺不到船在運行。1500年後的伽利略也有類似譬如來闡述相對性原理。他用一條大船來作譬如。當你處

在封閉的船艙內，船在河中勻速直線平穩航行，你感覺不到船在動，你雙腳齊跳，無論向那個方向，跳過的距離都相等，決不會因你跳在空中時，船已經走了一段距離，而增加或減少你跳過的距。天花板上的水滴，仍是垂直落下，落入下面的罐中，也不會因它在空中時，船走了一段距離，而滴到罐的外面。船上的蒼蠅在飛行時，仍然保持自然的狀態，不論它朝前或朝後飛，都不用加力或減力，更不會停在空中時，被甩到船尾。以上所述的現象所以會如此，是因為船艙內的東西，相對船艙是靜止的，所以這些事物的運動和在地面上一樣，不會因地球或船在運動而受影響。伽利略的這種相對性原理的思想，在科學發展的歷史上起了重要的作用。後來牛頓在建立他的力學體系時，也是在相對性原理的基礎上建立了力學相對性原理：牛頓定律，以及由它所匯出的規律，在一切慣性系中都有相同的形式。這就是我們常用的經典力學。

在經典力學中有一個速度加法定理，例如一艘大船相對於河岸勻速航行，一個人在甲板上扔保齡球玩，如果保齡球是順著船的航行方向運動，在岸上測量保齡球的速度是船的航行速度加保齡球的運動速度；如果這個保齡球朝船的反方向運動，在岸上測量保齡球的速度是船的航行速度減保齡球的運動速度。反過來在船上測量岸上的東西，儘管船在運動，也同樣適用速度加法定理，譬如岸上的一顆樹，它相對於地是不動的，相對於船卻是動的，其（樹）速度就是船的速度。如果岸上的東西也是動的，譬如一輛汽車和船相同的方向前進，在船上測量汽車的速度是船的

速度減汽車的速度，反向行駛則它們的速度相加。這種關係在科學課本上，稱為伽利略變換。這種關係在日常生活中很好理解的，小學生都會運算這種數學題，在這裡看不出有什麼不恰當的問題。但是，當科學向前進一步時，問題就顯露出來了。

首先碰到的就是麥克斯韋方程組對於伽利略變換相牴觸牴觸。前面講過相對性原理在一切慣性系中（不論是船還是岸）都有相同的形式，都適應這個原理。然而，伽利略變換運用在麥克斯韋方程組上，就出現了在不同慣性系上有著不同形式的結論。例如按麥克斯韋理論，真空中的電磁波的速度，也就是光速，應該是一個恒量（30萬千米／秒），這是無可爭議的真理，可是按照伽利略變換的速度加法定理來計算光速，就會出現不同慣性系有著不同的光速，（在岸上光速是30萬千米／秒，在船上，順著速度方向是30萬千米／秒+船速；反方向是30萬千米／秒-船速。）這樣一來，光速就不是一個恒量了，於是就出現象現象對性原理與光速的矛盾。大家都知道，科學理論在邏輯上是非常嚴謹的，一個正確的理論，放之四海皆適合，只要有一個情況不適合，這個理論就不算正確的理論，或者說其中一定有問題。現在出現的問題，孰是孰非，問題在那裡呢？

關鍵問題就在於對時間和空間的看法。19世紀末的物理學家對時間和空間的觀點，都是牛頓時代的絕對時間和絕對空間的觀點，都認為宇宙空間充滿著一種無處不在、無孔不入、具有彈性、絕對靜止的「乙太」。「乙太」原是希臘哲學家所設想的一種媒質，17世紀科學家為瞭解釋光的傳播，笛卡兒首先將「乙

太」引入科學，作為傳播光的媒質。以後的物理學家都把「乙太」作為絕對靜止的參照系來衡量時間、空間、運動等物理現象，這樣在不同的慣性系上就有相同的時間和空間。伽利略變換就是這樣的一個特徵，在不同的慣性系上有著完全相同的時間，剛性物體的長度（空間）也是不變的。伽利略變換與麥克斯韋電磁理論發生矛盾，引起了物理學家的關注，為瞭解釋這種矛盾，他們進行許多設想和科學實驗，把「乙太」的性質搞得越來越複雜，「乙太」成為科學家關注的焦點。當時最著名的實驗是邁克耳孫・莫雷實驗，目的在於探測「乙太風」。人們認為地球在「乙太」空間運轉時，就相當於一艘船在高速行駛，迎面吹來強烈的「乙太風」，他們動用了自己設計的靈敏度相當高的干涉儀。實驗結果，根本就沒有看到干涉儀條紋的移動，也就是說根本沒有測到「乙太風」，說明太空中沒有「乙太」這種東西。這不但讓這兩位科學家深感震驚和失望，更是在物理界引起軒然大波，產生了極大的震動。因為「乙太」這個概念作為絕對運動的代表，是經典物理學和經典時空觀的基礎。而這根支撐著經典物理學大廈的樑柱竟然被一個實驗結果無情地否定了，意味著整個物理世界的轟然坍塌。這是物理學家無論如何也不會接受的事情。愛爾蘭物理學家菲茲傑拉德提出一個唯一能夠協調這種矛盾的假說，他認為，物體在穿越「乙太」時，長度會發生變化，變化的大小取決於物體的速度與光速之比的平方。在沿地球運動的方向上，長度發生了微小的收縮（十億分之五），這就與邁克耳孫・莫雷的實驗相抵消，因此出現了零結果。這就是著名的收縮

假說，顯然它已經違背了牛頓絕對空間的戒律。當時傑出的物理學家洛倫茲也提出了和菲茲傑拉德同樣的收縮假說，並且認為只有收縮還不夠，在時間概念上也要有所變化，不能再用普適的絕對時間，而要用特殊的時間。法國科學家彭加勒也特別推崇洛倫茲的觀點，提出應該對時間給以科學的定義。他們還假定，在宇宙中，運動的人所測量的時間流比靜止的人所測量的時間流更慢，運動使時間「膨脹」了（這又違背了牛頓的絕對時間戒律）。他們以這樣的假說來修改伽利略變換，成為一個新的變換關係，後來就稱為洛倫茲變換，用這個新的變換公式來計算麥克斯韋方程組，再不會出現光速變化的矛盾了。洛倫茲變換突破了牛頓的絕對空間和絕對時間的框框，但還是保留了「乙太」作為絕對靜止的參照系和電磁場的載體。這個時候的宇宙時空朦朦朧朧地透露出一絲曙光，澈底澈底揭開時空朦朧面紗，澄清宇宙時空的人，是一位在瑞士伯恩專利局工作的小職員，那就是現在大名鼎鼎當時默默無名的愛因斯坦。

　　愛因斯坦在學校讀書的時候，特別喜愛物理學。他的學習方式很獨特，從不盲目接受書本上的觀點，總是以獨立思考來吸收知識。他反對盲從權威，反對為應付考試的學習方式，對不喜歡的課程常常是懶於攻讀，因此被他的數學教授閔可夫斯基稱為「懶狗」。當時的物理課程全是牛頓的物理學，我們現在稱其為舊物理學，韋伯是物理老師，愛因斯坦很喜歡聽他的講課，每一堂課他都如饑如渴地學習，很快就學完了牛頓物理學的全部知識。後來他越來越不滿意韋伯老師的講課，當時一些新發現的物

理現象，如麥克斯韋的電磁學定律，他都一字不提。愛因斯坦率地向老師提出不滿的意見，為此，得罪了韋伯老師，他們的關係開始惡化了。

愛因斯坦的智力與眾不同，他善於孤獨思考，當一些大物理學家在「乙太」渾水裡被相對性原理與光速的矛盾搞得昏頭轉向時，他幾乎是沒有留意他們論證和著作，他堅信一條哲理，那就是世界的統一性和邏輯的一致性，他執著地相信相對性原理應該普遍成立，光速不變定理也是正確的，它們之間應該是協調的，統一在一個自然規律裡。沿著這條思路，他摒棄了代表絕對靜止的「乙太」，絕對運動也就不存在了，一切運動都是相對的，因此也就不存在絕對靜止的空間和絕對同一的時間，所有的時間和空間都是和運動聯繫在一起的，就是說時間和空間都附屬於具體的參照系和坐標系，對於一切慣性系，運用該參照系的空間和時間所表達的物理規律，它們的形式都是相同的，這就是相對性原理。愛因斯坦認為這個相對性原理還不完美，還要引進一個光速不變原理（代替了絕對靜止的乙太），由光速來確定不同慣性系之間的時間關係和空間關係，進而得到另一種速度相加法則，這就是修正後的速度相加的法則，在數學形式上就是洛倫茲變換，用這個法則可以協調相對性原理和光速不變的矛盾。這也就是愛因斯坦創建的狹義相對論。十年後愛因斯坦解決了引力和相對論的關係，創建了廣義相對論。

宇宙的時間空間在狹義相對論和廣義相對論裡，顯現出其真面目，和我們平時在日常生活中直覺感受到的完全不一樣，時間

變成了可以伸縮的橡皮筋，「同時」這個極普通的時間概念也變得複雜起來，以物理學家嚴格的眼光來看，世界上幾乎沒有「同時」的事件，時間是按照具體物件的相對運動來分配的；空間變成了普通老百姓難以理解的「可以彎曲的剛體」，「空間」這一極平常的觀念，在愛因斯坦看來僅僅是一個模糊的幽靈而已。愛因斯坦認為「空間」的定義應該是：「相對於在實踐上可看作剛性的一個參考物體的運動。」普通老百姓很難讀懂這個艱澀的語句，不懂也罷，科學家發現並制定的方程定律，都是相當深奧的，普通老百姓無需去深究，但是一定要相信它是真實的自然規律。他演繹的時空，是一個與光速、物體、引力、運動纏繞在一起的、變幻無窮的宇宙網路。

現在一般的學生和普通老百姓應用的仍然是伽利略、牛頓的經典時空觀和經典的相對性原理，科學家尤其是從事現代科技的科學家，在計算火箭軌道時，就不能應用牛頓的經典時空理論，必須應用愛因斯坦的時空理論，否則差之毫釐，謬以千里。

4・時空奇觀

時間說線索：18世紀初至21世紀初發現的一系列時空奇異現象。

時空彎曲

愛因斯坦發現了這張「蜘蛛網」最神祕的現象——時空彎曲。在當時（二十世紀初）是一大奇聞，許多科學家都抱懷疑態度，沒有得到科學驗證之前，人們是難以相信的。愛因斯坦不是隨便發表這個科學論點的，他已經計算出引力使時空彎曲的具體資料：當星光掠過太陽時，太陽的引力使星光彎曲，其值是0‧00049度。要驗證這個科學結論也不容易，由於太陽光線太強烈，無法測量到那微弱的星光，只有在日食時才能測量。1919年5月29日，科學家期盼的日食來臨了，有兩組考察隊，分別在兩個地方觀察，驗證愛因斯坦的預言，經過五個月對觀察資料進行分析，愛因斯坦的預言驗證了，完全正確。愛因斯坦成了舉世聞名的人物。

時空彎曲不僅體現在光線的彎曲上，更是體現在廣闊的空間上，也就是「蜘蛛網」彎曲，我們的地球繞太陽運行，就是時空彎曲的作用。太陽那強大的引力，拉扯得周圍時空彎曲，形象地說，太陽就如一個保齡球置於一張薄膜中央，由於保齡球的重力使薄膜發生彎曲。一個小網球在彎曲的薄膜上繞保齡球旋轉，那就是地球繞太陽旋轉的基本原理。別的星球也是按照這個原理運行。牛頓的引力原理，認為太陽有一條無形的線拉著地球旋轉，愛因斯坦的廣義相對論使牛頓的引力概念更加形象化了。

時空通途

　　宇宙中的物質大到星系、恒星、和引力巨大的黑洞，小至行星、隕石、塵埃，多得難以計數，它們都有自己的引力範圍（場），而且相互之間還在相對運動，其引力線盤根錯節，瞬間萬變，這些都會影響「蜘蛛網」的形態，可想而知在宇宙的四維空間中，時空彎曲的形態是多麼複雜。如果用地球上的地形來比擬，宇宙時空的「地勢」有「高山」，有「丘林」，有「溝壑」，有「谷地」，有「凹坑」。地球上的地貌隨著大陸板塊移動而變化，宇宙時空的「地貌」也隨著天體的運動而不斷變化。就以太陽系的時空「地貌」來說，太陽周圍的時空肯定是一個最大最深的凹坑，其次是木星周圍的時空也是一個大凹坑，地球周圍的時空也是凹陷下去的，每一個行星和衛星的周圍時空都有一個大小不同的凹坑，在諸多凹坑的拉扯下，太陽和各個行星之間的時空結構必然是一個起伏不平的「地貌」。九大行星圍繞著太陽運轉，其「地貌」也跟著有規律地變動。此時如果從天外闖進一個彗星，它會走什麼路線呢？肯定是選擇最省力的路線（這是物競天選的自然規律，否則它早就被淘汰了）。什麼是最省力的路線呢？爬坡、逆流而上的路線，雖然有時路線會短一些，但是太費力，消耗能量多，不是最佳路線；順流而下，隨波逐流，雖然路線長一些，但可以毫不費力遊覽太陽王國，何樂而不為。最有名的「旅遊者」哈雷彗星，它每76年光顧一次地球的時空領域，人們可以看到它拖著長而明亮的尾巴，瀟灑地掠過夜空。它

的旅遊路線是一條節約能源的時空通道，沿著「谷地」，順著引力流之勢款款而下，最遠它要遊到太陽王國的邊陲。人類對它最早的記錄是在西元前613年，幾千年來它總是那樣有規律地76年回歸一次。另外一顆彗星就沒有這樣幸運了，它便是蘇梅克——列維9號彗星，可能是它太貪圖省力了，過於接近木星的時空凹坑邊緣，結果滑入凹坑中，被木星撞得粉身碎骨。

彗星運動軌跡的模型，給科學家探索宇宙以極大的啟發。目前探索宇宙最大的問題是攜帶燃料的困難，在常規的任務中，發射一個探測器，它需要攜帶自身重量的百分之四十到六十的燃料，而運載一千克燃料需要花費200多萬美元。探索宇宙的成本太高，束縛了科學家的手腳。彗星的運動軌跡是節約燃料的最有效的方法，科學家已初試了這種方法，2003年9月發射的歐洲「智慧」1號探測器，走的就是一條順著引力流的「谷地」通道，雖然繞了一個大圈子，化了兩年瞬間才抵達月球，但節約了百分之九十能源。回顧以前用傳統方法發射阿波羅火箭，它走的是一條捷徑——在「丘林地帶」翻山越嶺，每次「爬坡」都要消耗大量的燃料，雖然在短短的4天時間內到達月球，但能源的消耗極其可觀。

現在探索宇宙的手段正在經歷一場科幻似的革命，科學家企圖在引力迷宮的時空中建立一條「星際高速公路」，藉助引力流和引力的「彈弓效應」的動力，不費吹灰之力完成星際旅遊。

具體的步驟就是首先要繪製一幅太空「引力流」的分布分布圖，這是一項極其艱巨的工作。就以太陽系而言，天體之

間的相互作用，形成一個巨大的動態迷宮，迷宮由引力流形成的「河流」，和「河流」兩邊那不可逾越的「峭壁」所構成。「峭壁」上有一些狹窄的「通道」，使「河流」與「河流」之間互相連通。所謂「通道」，就是來自兩個天體的引力抵消的地方，天體物理學家稱其為「拉格朗日點」，起到「停車場」的作用，太空船可以停泊在這裡，等待適合的「河流」流到附近，太空船只要用少量的動力開進「河流」航道，便可順流而下，所以「通道」也起了「星際高速公路間匝道」的作用。在太空中確定「匝道」的位置，以便制定最佳路線，這是一項巨大的工程，有大量令人生畏的方程需要解答，使科學家望而卻步。世界上無奇不有，解答這個宇宙難題竟然是一個化學家，這完全是一個偶然的巧合。美國化學家查理斯・賈菲是一位 研究電子化學反應中的運動軌跡的傑出專家，他能計算出在什麼條件（溫度、物質濃度、氣壓等）下，電子以最低能量激發化學反應，繪製出電子在化學反應活動時的最佳運動軌跡圖。化學和天文學怎麼會配合在一起的？有一期《混沌》雜誌的文章引起了他的興趣，文章附有一幅示意圖──奧特瑪彗星運動軌跡示意圖。這幅示意圖和他自己論文裡的電子化學反應運動軌跡示意圖一模一樣，一個是微觀世界，一個是宏觀世界，其運動軌跡怎麼會如此相似，他驚訝地感到其中必有某種自然聯繫。他聯繫了加利福利亞理工學院的三位天體物理學家作者，他們宣稱奧特瑪彗星所走的錯綜複雜路線是一個十足力輔助「星際交通網」，未來完全可以為太空船所利用。觸發了化學家查理斯・賈菲的靈感，電子與

彗星所走的都是最低燃料路線，計算這條路線的方程在化學上他已經取得了成功，如果將其應用到彗星運動上，應該沒有問題，在太空建立一條「星際高速公路」完全有可能。

他充滿信心，和美國國家航天局研究人員聯繫，都表現極大的興趣，他們一拍即合，天體物理學家與化學家聯手合作，很快於2002年發表了一篇「星際高速公路」的文章，這個模型的試驗也取得了很大的進展。作為首先享受該研究成果的宇宙探測器：「起源號」和「智慧1號」揭開了太空探索的新篇章。可以想像，不久的將來，宇宙時空中「星際高速公路」聯網，太空天塹變通途，星際旅遊的日子為期不遠

時空墳墓

愛因斯坦擺佈了一個天門魔陣──廣義相對論，許多科學家都迷戀其中，破解魔陣的奧秘，他們各顯神通，研究出許多宇宙怪物，這些怪物雖然形態各異，但是都離不開時空終結，一個怪異的時空墳墓。

其實在愛因斯坦之前，就有科學家預言到時空中有恒星死亡後，埋葬的「墳墓」這樣的怪物，他們的理論根據是牛頓的萬有引力。

早在18世紀，科學家都在研究引力對光的影響。那時科學家認為光是一種微小粒子組成，所以引力對光粒子也具有吸引力。英國自然哲學家米雪兒預言，一個非常緻密的星體的引力非常強大，它會影響光的運行，就如拋出的物體會以拋物線方式運行。

但是，當物體的速度達到11.2千米/秒時，地球的引力對它就無能為力了，這個物體就飛出地球引力的勢力範圍，這個速度我們稱其「逃逸速度」。

米雪兒用牛頓的引力定律計算，逃逸速度與相同品質的星體的周長成反比，周長越小（體積越小），星體內部的品質越緻密，引力越強，物體若要逃脫星體的引力作用，就需要更加大的逃逸速度。米雪兒推算，當周長不斷地縮小，星體內部物質不斷地緻密，引力也隨之不斷地增強，最後這個星體的周長縮小到一個特殊的值時，連光也逃脫不出其引力範圍，這個特殊的周長稱臨界周長。米雪兒以此方法計算出太陽的臨界周長為18.5千米。也可以這樣說，一個周長為18.5千米，具有太陽品質的星體，外界是看不到它的，因為它發出的光都被強大的引力拉了回去，所以外界的人看不見，這個星體在18世紀稱為黑星。

19世紀初，廣義相對論問世，第一個破解「天門魔陣」的人是德國天體物理學家卡爾・史瓦西，他計算出一個連愛因斯坦本人都不相信的預言——當星體周長縮小至臨界時，它的內部物質高度緻密，引力也高度集中與強大，使時空發生強烈彎曲，產生一個包圍它自身與外界隔絕的區域，以至光被囚禁，時間被凍結，這裡變成時空墳墓。

黑洞

米雪兒和史瓦西等科學家都預言在宇宙中存在著古怪的黑星，但是，絕大多數科學家都視其為荒謬的事情，他們感到黑星

對物質的永恆性和穩定性的根深蒂固的信仰帶來巨大的威脅。尤其是當代兩位最有聲望的科學家：愛因斯坦和英國天文學家愛丁堡竭力反對黑星的存在，他們憑直覺感到黑星就是「味道不對」，所以從20世紀30年代到60年代，黑星的預言遭到廣泛的抵制。

黑星這個幽靈並沒有遭到抵制而消失，它的「氣味」一直縈繞在科學界。科學家在探索黑星過程中，發現白矮星、中子星，它們的「氣味」都不對，雖然如此，愛因斯坦和愛丁堡等一大批天文學家對中子星情有獨鍾，他們長長地舒了一口氣，他們認為較輕的恒星死亡後變成白矮星，較重的恒星死亡後變成中子星，假如所有大品質恒星都這種方式死亡，那麼宇宙就會擺脫那種荒謬的假想──黑星。他們這種盲目樂觀，使他們的嗅覺遲鈍，感覺不到中子星帶有濃濃的黑星「氣味」。

中子星離黑星一步之遙，加州理工學院教授、理論物理學家奧本海姆，他嗅出了中子星帶有黑星的「氣味」，抓住中子星這個牛鼻子不放，如果是超大品質的恒星死亡後，安葬在什麼墳墓呢？經過反覆反覆計算，他的學生都是這方面的專家，也分工參與計算，計算結果發現中子星有一個品質極限，那就是大於3個太陽的品質就容納不了了，顯然它的墳墓太小，容不下超過3個太陽的大品質恒星的骸骨，更大的墳墓那必然是黑星。

奧本海姆的觀點受到惠勒的極力反對，在「黑星」觀點上他們是冤家對頭。這兩個美國科學界重磅人物，一個是設計第一顆原子彈工程的領導人，一個是設計第一顆氫彈工程的領導人，都

是當代最傑出的理論物理學家。他們的爭論引起了科學界極大的關注。

他們倆的基本觀點對普通人來說，簡直是天方夜譚，這裡只能簡單扼要地說明一下。惠勒認為大品質恒星死亡有一種新的定律（量子定律與廣義相對論結合的定律）來處理其骸骨，根本沒有「黑星」那回事；奧本海姆認為惠勒的新定律多此一舉，直接用廣義相對論就可以說明黑星的存在了。在當時他們誰也不服誰，各人堅持自己的觀點，一點不影響他們之間的私人友誼，不像現在的中國，一定要把對方置之死地而後快。

20年後，到了60年代初期，由於設計核武器需要，美國有了先進的電腦，計算真實的恒星死亡過程就有了可能，惠勒領導的小組成員雖然都解散了，但他們對恒星死亡的問題仍然很感興趣，他們毫不費力地計算真實恒星死亡過程，和奧本海姆20年前預言的基本一致。這回惠勒服了，從奧本海姆黑星的激烈批評者，變成了熱情的支持者。

至此，廣義相對論孕育出來的「怪胎」，還沒有一個正式的名稱，18世紀米雪兒稱它為「暗星」，蘇聯物理學家稱它為「凍星」，西方物理學家稱它為「坍縮星」，惠勒對這些帶有星的名字都不滿意，他認為這個怪胎已經不屬於星了。在1967年秋，他看到妻子沐浴，突發靈感，把這個怪胎取名為「黑洞」，並在紐約的一次學術會上公佈了這個名字，很快就得到東西方科學家和普通大眾的認可，只有法國抵制，理由是這個黑洞的片語trounoir隱含淫穢的意思，硬撐了好幾年，最後也只好隨大流。

探索黑洞裡面

黑洞裡面是什麼狀態，這個神祕的禁區讓科學家著迷。20世紀60年代中期到70年代，科學界掀起一股研究黑洞的熱潮，有100多位物理學家參與，其中有惠勒帶領的普林斯頓的學生和博士後，有錢德拉塞卡，有蘇聯天體物理學家的導師澤爾多維奇，有英國黑洞研究者的導師席艾瑪，有英國理論物理學家霍金等，對黑洞的特性進行多方面的研究。「黑洞無毛」是其中的一大發現：恒星坍縮必然生成一個完全球形的黑洞，它的表面光滑，沒有磁場、山包、菱角等隆起物，內部保留下來的只有能量、自旋和電荷。此外，還發現黑洞會旋轉，旋轉時會在它周圍的彎曲時空裡產龍捲風一樣的漩渦運動，在漩渦中貯藏著巨大的能量。霍金還大膽猜測：黑洞也會輻射，黑洞還會蒸發，最後發生猛烈的爆炸。黑洞的外部特性幾乎都研究過了，在大型電腦的類比計算下，黑洞外部的祕密差不多都一一揭示出來，那麼黑洞的裡面是什麼？尤其他的中心──奇點是什麼？那還是一個玄奧莫測的斯芬克斯謎。

探索黑洞中心的祕密，是物理學家渴望追求的聖杯，惠勒更是希望通過研究黑洞中心的祕密來驗證他的新理論──廣義相對論與量子力學相結合的量子引力理論，這才是惠勒始終不渝追尋的聖杯。

黑洞裡面是什麼？這個答案在1939年就有了端倪，那就是奧本海默和斯尼德對理想球狀恒星坍縮經典計算的預言：體積為

零，密度無窮大奇異狀態。後來物理學家稱其為奇點。由於當時大多數同行都抵制這個預言，在科學上天生謹慎的奧本海默也就保持沉默，對這個預言沒有繼續探索下去。

裡面有個潮汐引力的奇點

在那探索黑洞的黃金年代，物理學家對奇點的猜想很多，最直觀的一種和地球、月球的潮汐引力相似。地球上海洋漲潮、落潮主要是月球的引力引起的，科學上稱為潮汐引力。其表現形式是徑向（面對和背對月球的方向）拉伸，橫向壓縮。假設有一個宇航員掉進黑洞視界裡面，奇點對他的作用就如潮汐引力那樣，剛進入時，離奇點太遠，他還感覺不到潮汐引力的威力。隨著越落越快，離奇點越來越近，潮汐引力對他的作用越來越強，其感覺是頭和腳被分開，兩肋被擠壓，他像麵條似地被拉長了。在離奇點1秒鐘前，拉擠力使他感覺到越來越疼痛，然後就是撕筋裂骨，身首分離，可憐的宇航員死了。當這個死去的宇航員最終達到奇點時，其拉伸和擠壓力變得無限大，身體被無限拉長（因為時空強烈彎曲，所以頭腳卻出不了黑洞視界），瞬間，他成為萬劫不復的奇點的一部分，永遠消失了。這個宇航員進入黑洞視界的存活時間與黑洞的大小成正比，黑洞越大，他存活的時間越長。剛剛他進入的是一個最大的黑洞：100億個太陽那麼重。

「無限」這個概念對於物理學家來說很犯忌的，它幾乎成了錯誤的信號。他們認為在真實的宇宙中沒有什麼東西是無限的，在奇點處出現這麼多的「無限」，那一定在什麼地方出了錯誤。

惠勒和他領導下的研究小組，借此認定廣義相對論在黑洞的奇點處失敗了，惠勒仍然堅持自己的觀點：只有量子力學和廣義相對論的時空彎曲定律結合起來的量子引力定律才能征服奇點，解釋黑洞裡面的一些新物理現象。於是出現了否認奇點生成的「微擾」論。

裡面「微擾」形成一個小宇宙

「微擾」是蘇聯物理學家卡拉特尼科夫和栗弗席茲設想的論點，認為奧本海默和斯尼德計算的基礎是依賴於理想的球狀恒星，沒有旋轉，沒有壓力，沒有激波等等，這些極端的理想化是產生奇點的根源。而真實的恒星坍縮時，它內部有許多複雜的因素在變化，只要有小小的隨機形變，產生擾動（微擾），就會阻止奇點的形成。那麼這個恒星坍縮成的黑洞內部會出現什麼樣的情況呢？其猜想近乎科幻化：黑洞內部的時空極端彎曲，以致發生大爆炸，爆炸的能量不會跑出黑洞的視界，只能使本來彎曲的時空更加彎曲，形成一個像氣球一樣的封閉小宇宙，從我們的宇宙中擠落下來，孤獨地進入另一個大宇宙。這個猜想給科幻小說家提供了無限的遐想空間，物理學家都表示懷疑。

拓撲學的奇點

英國數學家和物理學家彭羅斯是一個奇點的肯定者，他認為每個黑洞在它內部都必然有一個奇點。他證明奇點存在所使用的是一種新的數學工具，那就是拓撲學。一個新思想的出現，往

往在意識不太活躍的時候，此時潛意識會突發靈感，拓撲學應用在黑洞奇點的計算上的想法，是在他過馬路時突然產生的。用拓撲學計算出來的奇點定律有巨大的普適能力，可以適用於一切能夠想像的坍縮恒星，它無疑也適用於我們現實宇宙中存在的真實的坍縮恒星。後來彭羅斯和霍金等物理學家創立了一套結合拓撲學和幾何學的廣義相對論計算工具，他們稱其為整體方法，用這個方法證明瞭我們的宇宙在它大爆炸膨脹的開端，有一個時空奇點。他們支援了宇宙起源於奇點的說法。

BKL奇點

彭羅斯的奇點理論改變了卡拉特尼科夫和栗弗席茲「微擾」觀點，也開始相信黑洞內一定存在奇點，不過這個奇點與奧本海默一斯尼德奇點不同，他們從愛因斯坦方程裡發現一種叫BKL奇點。

BKL奇點的潮汐引力對落進去的宇航員不光是有規律地拉伸與擠壓，宇航員感覺到的拉伸與擠壓在不斷地、不可捉摸到變換方向，振盪得他五臟六腑都要破裂了，離奇點越近，振盪得越激烈，它像打蛋器攪拌蛋黃蛋白那樣將宇航員身體的各部分攪在一起，這是一種破壞性的混沌攪拌。愛因斯坦方程預言，宇航員達到奇點時，潮汐引力長到無限大，混沌振盪變得無限快，宇航員身體的原子都遭到了無限的破壞，一切事物，連同時空瞬間都形成一鍋粥，進入無限的深淵中，統統不復存在。

量子泡沫

又是那麼多的無限，這在量子力學定律裡是絕對禁忌的。惠勒始終堅持用量子力學的定律和廣義相對論的定律融合在一起的新定律——量子引力來研究奇點。在黑洞內，量子引力在什麼時候出現呢？還是拿那個倒楣的宇航員為例，當他越來越接近奇點時，振盪的潮汐引力也越來越大，大得能在 10^{-43} 秒時間內澈底澈底改變所有物體的時候，量子引力就出現了。量子引力發生作用的時候，宇航員死了，構成他身體的原子也被澈底澈底破壞，攪成一鍋粥。和BKL奇點不同的是，在這裡沒有一樣是無限的，「遊戲」沒有結束，仍可以繼續下去。它分裂時空的統一性，將時間和空間拆開，毀滅時間的概念，也破壞空間的確定性，唯一遺留下來的是像肥皂泡一樣隨機的概率泡沫。

用一個比喻來說明這種奇異的狀態。時空比喻為一塊含有水分的木頭，木頭是空間，水分是時間。兩樣東西是緊密交織在一起的統一體。時空靠近奇點處，點燃了量子引力的烈火。火把木頭裡的水蒸發出去，只留下乾枯脆弱的木纖維，接著木纖維也燃燒了，成為一堆煙灰。煙灰和蒸汽攪拌成一團隨機的概率的泡沫。

這些隨機的概率的泡沫是量子引力在奇點構成的「東西」，它沒有任何確定的形態，連曲率也不確定，其變化多端、捉摸不定的形態像幽靈似的以隨機概率出現，按宏觀的思維，每一樣東西出現，總是有其因果關係和先後次序，量子引力是沒有這種規

矩的，所謂因果，充其量是隨機概率而已，說到誰先誰後，那完全是毫無意義的語言，因為這裡根本沒有時間的概念。唯一有的「東西」，就是惠勒稱其為的「量子泡沫」。稱它為「幽靈泡沫」更形象。

黑洞理論一套又一套，雖然各家之言有所差異，但有一個共同點，就是大家都以愛因斯坦的廣義相對論方程預言黑洞的存在。一個科學的發現要得到嚴密地證實才能作最後的定論。這個證實就是在宇宙中找出幾個貨真價實的黑洞來。

尋找黑洞

茫茫宇宙，墨墨黑的太空，幽幽深處，黑洞深藏其中，一隻黑貓在黑暗中，看不見它，可以用儀器探測到它。黑洞在茫茫黑暗中，即看不見也探不著，該從哪兒開始尋找它？用什麼方法才能觀測到它呢？首先要解決的是方法問題。

第一個黑洞的嫌疑者X天鵝——1

澤爾多維奇是尋找觀測黑洞的方法方面最有成就的一個。他和他的小組成員經過兩年多的研究，進行了一連串的推理，最後在眾多方案中選定了一個比較有把握的想法：將雙星想法與下落氣體的想法聯合起來觀測。

所謂雙星，就是兩個恒星圍繞彼此的軌道運行，這類雙星系在宇宙中還是很多的。在過去的幾十年裡，天文學家觀測了大量

的雙星系，還為它們編了目錄。其中有些雙星系用普通的光學望遠鏡只能看到一個恒星的光，另一個就觀測不到它的蹤影。那個暗伴星到底是白矮星、中子星還是黑洞呢？確定它是不是黑洞只要觀測恒星吹出的氣體雲，如果那顆暗伴星是黑洞，當它穿過氣體雲時，會捕獲大量氣體，氣體被吸進黑洞時，速度接近光速，分子之間發生碰撞和摩擦，在氣流激波的前沿，氣體的溫度被加熱到幾百萬度，並發出大量的X射線。這個發出X射線的地方就可能有一個黑洞隱藏在這裡。

澤爾多維奇的這個想法得到同行們的認可。接下來要解決的問題是改進當時還很原始的X射線望遠鏡。X射線不能穿透地球大氣層，必須把X射線望遠鏡發射到太空中才管用。當時有許多熱衷於尋找黑洞的實驗物理學家競相設計X射線火箭探測器，經過16年的努力，探測器得到不斷地改進，在1978年，一個叫賈柯尼的設計小組放飛了一顆載有愛因斯坦號X射線望遠鏡的大衛星，它的角測量精度比以前的望遠鏡提高了300000倍。用這個先進的探測器，天體物理學家和天文學家對記載在目錄表上的雙星在以前探測的基礎上再逐個進行仔細地甄別，從中找出了七八個黑洞「嫌疑者」，其中黑洞「氣味」最濃的是距地球6000光年的一個雙星中的暗伴星X天鵝—1，它的亮伴星編號為HDE226868，天鵝X—1中心的黑洞品質大約是16個太陽，亮伴星大約是33個太陽的品質，它表面到黑洞的距離約1400萬千米。瞭解得如此具體，天文學家們對它的確認也只有80%的把握。又經過將近20年的觀測，他們對X天鵝—1中的黑洞的確認度提高到95%，最終他

們還是沒有得到來自X天鵝—1中發出的「我是黑洞」那樣直接的確鑿信號。可見科學家們對一個發現的驗證要求是多麼嚴謹。

宇宙邊緣的燈塔3C273──巨無霸黑洞

天文學界發現了黑洞，儘管還沒有作最後的肯定，也大大地激發了科學家和廣大公眾的想像力和強烈的好奇心，探測宇宙的手段發展得越來越先進。在陸地上，天文學家建立了全球規模的甚大基線陣，這是一個由10台射電望遠鏡（每台由27台射電天線）組成的巨大射電望遠鏡。在太空，有哈勃空間望遠鏡，錢德拉x射線天文臺等。尋找黑洞的觸鬚深入至宇宙的幽深邊緣。

天文學家對一個距地球30億光年遠，編號為3C273的奇異亮點最感興趣。它的神祕之處在於其形態類似恒星（後來稱其為類星體），而它的亮度比宇宙中最亮的星系還要亮100倍，它的直徑卻比星系小100萬倍，這個體積小亮度令人炫目的3C273可稱為宇宙邊緣的一座燈塔。供給這座「燈塔」巨大能量的「發動機」是什麼呢？有人猜想是一個巨大的黑洞。這個猜想一直到20世紀90年代末才有了有力的證據。那是美國宇航局發射的錢德拉X射線天文臺的功勞，它拍攝了3C273無與倫比的高解析度的全態。

3C273類星體有一個明亮無比的光環，其直徑為一光月（光在一個月所走的距離），在它的軸線方向上噴出兩股長達百萬光年的x射線光輝，蔚為壯觀。天文物理學家證明，3C273一光月光

環的中心有一個高速旋轉的巨型黑洞，它貪婪地吞噬塵埃雲和氣體雲，它們在吸進黑洞的過程中相互碰撞、摩擦，並在離心力的作用下圍繞黑洞作螺旋式下落，在旋轉中形成一個高溫的吸積盤，這就是明亮炫目的光環。同時，由於吸積盤的高速旋轉，在它的軸線上形成一個空間漩渦，迫使磁力線（宇宙中磁力線無處不在）旋轉，將等離子體向上下拋射出去，形成兩股磁化的噴流。還有x射線也是沿著兩股噴流發射出去。這種瑰麗奪目的宇宙奇觀，可以肯定地說這是黑洞所為。天文物理學家還計算出藏在3C273中心的那個隱形饕餮是一個具有一億個太陽品質的巨無霸，天鵝X—1中心的那個黑洞和它比起來，簡直是一個小不點。

特大品質黑洞的普查

像這種巨無霸的特大品質的黑洞，在廣袤的宇宙深處比比皆是，離地球1100萬光年距離的半人馬座星系就有一個。哈勃空間望遠鏡在半人馬座A稠密的塵埃帶中心，發現一個熾熱氣體的光碟，據推斷這裡隱藏著一個2億太陽品質的黑洞。XMM—牛頓衛星在MCC-6-30-15X星系的中心發現一個快速自轉的黑洞，其品質達1億太陽，距離為1.3億光年。天文學家對特大品質黑洞作了一次普查，他們推測，幾乎每個大的正常星系都在其中心蘊含一個特大品質黑洞。我們居住的銀河系中心也有一個黑洞，它的個頭約300萬太陽品質，還登不上特大品質黑洞的名單榜，只能算中等品質的黑洞。天體物理學家2002年諾貝爾物理學獎得主之一

的卡爾多‧賈科尼領導的研究小組，對一個天區巡視，發現了約350個特大品質黑洞。由此外推至整個天空，可知在早期宇宙分布分布著2億個特大品質黑洞。這僅僅是對那些比較清晰的x射線研究的結論。對那些難以聽清的x射線的喁喁細語所表達的特殊特大品質黑洞，天文學家就無法探測到它們的蹤影，但是有證據表明，它們隱蔽在鴻蒙初闢的宇宙視線之外。

我們的宇宙也是一個黑洞

黑洞已不再是宇宙中那縹緲虛無的幽靈了，它們的存在已成不容置疑的事實。現在天文物理學家又提出了一個宇宙版的「先有雞還是先有蛋」的問題，他們追溯到宇宙鴻蒙初闢時到底先形成特大品質黑洞還是先形成恒星、星系。就如生物學家用化石來研究原古生物那樣，天文物理學家也用宇宙開端時遺留下來的「化石」來解開「先有雞還是先有蛋」之謎。這個「化石」就是宇宙微波背景輻射。宇宙大爆炸後，宇宙這鍋濃湯經過一百多億年的提煉，到現在這鍋原始的「湯」已經非常稀薄了，但是科學家利用高科技手段還是能反映出其中的密度漲落，在這種密度漲落的微小變化中分析特大品質黑洞和星系是如何凝聚成的。此外，觀測表明，類星體（即巨型黑洞的表象表象）的數量達到峰值是在100億年前，即在宇宙存在的早期，而來自星系的光線要晚2-40億年。所以天文學家推測至少有一些特大品質黑洞存在於宇宙的開端。伊利諾大學的斯圖亞特‧夏皮羅和他的合作者們提出了一種大膽的猜想，認為第一批特大品質黑洞是由暗物質形

成，並沒有「普通」物質的參與。這種種子黑洞起著凝聚作用，隨著時間的流逝，普通物質在它的周圍聚集，形成了恒星、星系和生命。

最異想天開的是，某些天文學家把我們這個宇宙想像為一個超級大黑洞，我們實際上都生活在黑洞之中，我們看到的一切現象，也就是黑洞裡面的行為，這樣一說，黑洞裡面就沒有什麼神祕可言了。這倒是一個妙趣橫生的問題。

黑洞是一個封閉的時空，被視界包裹著，我們的宇宙也是一個封閉時空，包裹我們的視界是宇宙物質的張力，我們（宇宙中包羅萬象的一切）的資訊永遠傳不出視界的外面（外面為何物，在後面的想像宇宙一章裡論述），所以我們永遠無法探測的外面的資訊。也許我們的宇宙正隱藏在多維的空間中。

黑洞內部的物質密度在我們想像中一定很高，不錯，小品質的黑洞它的密度每立方釐米可達數億噸，如果把一個太陽壓縮成黑洞，其視界半徑為3千米，密度為每立方釐米100億噸。那麼，一億個太陽品質的黑洞其視界半徑和密度是多少呢？它的半徑大致是火星繞太陽軌道的大小，其平均密度大約是1克每立方釐米，這正是水的密度。可以看出黑洞的密度和它的視界半徑成反比。現在回到我們這個宇宙黑洞裡來，它的大小我們暫且算120億光年，這也就是宇宙視界的大小，按照天體物理學家伯克霍夫定律計算，要形成120億光年的視界，所需的內部平均密度應是 5×10^{-30} 克每立方釐米，相當於在每立方米內只有6個氫原子，這是一個難以置信的小數值。即使這樣我們這個宇宙平均物質的密

度還遠遠少於這個小數值，所以說我們這個宇宙還算不上嚴格意義上的黑洞。標準宇宙模型也許正是宇宙是黑洞的有力明證。宇宙起始於奇點，最終它又會義無反顧地回到奇點，成為埋葬一切的墳墓，黑洞似乎是物質永遠擺脫不了的影子。

揭開黑洞奧秘的始作俑者是愛因斯坦的廣義相對論，而愛因斯坦卻至死也不承認這個怪異的「兒子」，現在連我們居住的宇宙也是一個黑洞，愛因斯坦在天之靈對這一驚人的成果是驚還是喜呢！

時空捷徑

愛因斯坦的廣義相對論方程，是一個時空彎曲的萬花筒，演變出許多奇異的怪物，其中一個黑洞就讓科學家絞盡腦汁，忙了半個多世紀，還未等他們喘口氣，一個更加奇異的「時空怪蟲」從「萬花筒」裡鑽了出來，在宇宙時空中蛀出一個洞，科學家稱其為「蟲洞」。

這個由「時空怪蟲」蛀出來的洞，早在1916年從愛因斯坦「場方程」裡發現了它的幻影，惠勒和他的研究小組在50年代就注意到它，由於「蟲洞」太像科幻小說裡描述的東西，許多物理學家怕同行笑話他們在科幻小說的邊緣做研究，所以他們總是想回避這樣的問題。後來他們才明白，他們對待這個問題原來相當保守，有些思想超前的物理學家不但發現「蟲洞」的存在的可能性，還在研究如何打開「蟲洞」的鑰匙——奇異物。

黑洞和蟲洞都是一個洞，黑洞是單通道，只進不出；蟲洞是

雙通道，能進能出。蟲洞是宇宙中相距遙遠的兩點間的一條假想捷徑，這個假想的依據是廣義相對論。蟲洞和黑洞的原理一樣，都是引力使時空彎曲的產物，它們都有一個奇點。蟲洞在平直的時空有兩個奇點，它們相隔很遠，相互之間沒有聯繫。設想宇宙某一時空區域發生強烈的彎曲，我們把這個強烈彎曲的區域想像為二維的紙，兩端各有一個奇點，將其折疊起來，這兩端的奇點就靠攏了，相遇在超空間中。這是一種水火不容的相遇，瞬間湮滅，湮滅的能量形成一種新東西──蟲洞。蟲洞會長大，變成一個通道，但很快就消失。

地球與織女星是最近的一個星系，乘太空飛船走傳統的直飛航行，即使以光速飛行，也要飛26年時間，人類永遠做不到星系旅遊。如果走蟲洞這條捷徑，就是以汽車那樣的速度飛行，幾分鐘就可達到。人類要想星系旅遊，唯一的通道就是蟲洞了。

蟲洞的通道極不穩定，只要有微小的輻射和別的什麼東西穿過，就會引起毀滅性的後果，瞬間使通道消失，人類的航天器要通過，更是不可能。所以如何保持通道暢通是首先要解決的問題。

科學家設想一個「散焦鏡」，它與「聚焦鏡」相反，可以將光束分開，使引力反其道行之，起到撐開洞壁的作用，使飛行物暢通無阻。這個「散焦鏡」是以愛因斯坦場方程為基礎計算出來的，科學家取名為「奇異物」，它就如天方夜譚中的「芝麻開門」那樣神奇，能打開並保持蟲洞暢通。

5 · 物質演變的歷史與本質 [印章]

> 時間線索：140億年前至20世紀初，在這個時間段裡，是
> 物質產生與演變，後來被現代人認識的過程。

物質宇宙是物質的載體，我們所看到與沒有看到的所有物質，組成了一個物質世界，在人們的眼裡，這個物質世界廣袤無際，稱其為宇宙，本書稱其為物質宇宙，是實體宇宙海洋中的一個小島，滄海一粟。

探討物質宇宙開端是現代科學的一個尖端科目。1929年美國天文學家埃德溫·哈勃發現星系的紅移現象，科學家由此得出宇宙膨脹的結論。老天爺開了一個國際玩笑，起初哈勃自己卻沒有意識到這裡面暗示著宇宙開端的含義，把打開宇宙開端的奧秘之門的鑰匙，留給了一個名叫喬治·勒梅特的比利時耶穌會牧師。

勒梅特是一個潛心研究愛因斯坦理論的學者，其目的是為了尋找一個完美無缺的宇宙模型，給上帝創世找一個理論依據。聰明的喬治知道愛因斯坦在科學界的分量，以他的理論為依據，才是強有力的。當他知道哈勃的新發現，富有想像力的他，來了一個逆向思維，將時光倒退100～200億年的某一時刻，此時，所有在膨脹的星系物質都聚縮到它們的出發點，勒梅特稱這一點為上帝創世最初創出的「原始原子」，這是一個絕妙的設想，為了宣

傳他的理論，勒梅特在加州理工學院開了一次專題講座，邀請了愛因斯坦、哈勃等科學家到會，勒梅特陳述了他的「原始原子」理論，並且用愛因斯坦相對論來推導自己創立的數學方程式，得到的結果是「原始原子」突然大爆炸，像煙花那樣，向四面八方擴散，宇宙萬物就誕生其中。他巧妙地把上帝創世的種子，播種到每一個人心中。

科學家心中的「種子」發芽了，但是不是上帝創世，而是科學的啟迪，他們順著勒梅特的思路，創建了宇宙大爆炸理論，就是大多數科學家認可的標準宇宙模型。

簡單扼要地說，宇宙大爆炸起源於一個「奇點」（原始原子），也可以說奇點大爆炸，誕生了物質宇宙。

「奇點」是什麼東西，這是一個深不可測的科學名詞，是根據愛因斯坦廣義相對論推導出來的怪物，據說，它的曲率無限小，裡面儲存的能量無限大，在「奇點」時刻，科學家說沒有空間與時間，萬籟皆空，甚至連宇宙都不存在。宇宙不存在的說法應該是一種文字的疏忽，這種疏忽至少是對宇宙屬性的模糊不清所致。宇宙絕對存在的，沒有不存在的餘地。物質宇宙的「奇點」，應該是大品質恒星死亡的墳墓（黑洞），原始的「奇點」，其本質是宇宙母親「懷胎」的「核」，「奇點」前面的狀況就是「核」前面的狀況，無中生有的這一章節闡述了「核」的產生過程，即原始宇宙（實體）陰陽對立轉化的產物。這是宇宙第一歷史層面與第二歷史層面的關係，也就是神與物的關係。屬性搞不清，事物的認識必然會模糊不清。

奇點爆炸的原因至今還是一個謎，奇點以前是什麼狀況，科學家更加不敢涉及（宗教反而有豐富的想像力，說是上帝的領域，這種想像力還有一定的正確性，不過這位上帝在第三歷史層面上，只顧忙於人間凡塵之事，缺乏科學依據，引起了長期的爭論不休），但是奇點以後的狀況，科學家倒是有英雄用武之地，尤其是宇宙大爆炸那一瞬間，是研究物質本質的最神祕的時間，科學家特別感興趣，動用了在瑞士建造的當前最先進的科學實驗儀器——粒子對撞機，來模擬宇宙大爆炸那一瞬間的狀況，至少可以回顧大爆炸發生 10^{-43} 秒之後的狀況，這是一個一般人難以想像短促的時間，在這不可思議短促的時間內，爆炸產生的宇宙空間也極微小，一粒塵埃都比宇宙大，恐怕連普通的顯微鏡也難以看到。

這個看不到的「小不點」裡面的溫度是令人咋舌的千萬億度，就如中國神話裡的「太上老君煉丹爐」，它的功能更加神奇，萬物都是在在裡面提煉出來的。

大爆炸的第一秒鐘，是充滿能量活力、瞬間萬變，無比神奇的時間，這個短促的時間，包含著豐富的物質歷史。為了探索這第一秒鐘內的物質歷史的真相，許多科學家化畢生精力，把這奧妙無窮的第一秒鐘分割成微小的時間段，以高科技手段來研究每一時間段中，物質是如何演變出來的。

科學家按照溫度變化分劃成五個時間段：大統一時期，強子時期，輕子時期，輻射時期，恒星時期。以下都是在一秒內的微秒數字，比如 10^{-35} 就是小數點後面35個0。

第三歷史層面——識在 <<

$0\sim10^{-35}$秒大統一時期

「煉丹爐」內溫度千萬億度，除純能量外，一切都化為烏有，隨著時間微調增長，宇宙空間擴大了，溫度也降低了，宇宙中一種相變發生了（所謂相變，是一種物理現象，其情況有些類似液態的水在0攝氏度凝結為固態的冰的那種過程）。構成物質最基本的粒子產生了，它們的前身就是元氣在「核」內的聚變。在10^{-35}秒時，「煉丹爐」內的溫度下降一點，力的四兄弟之一引力，第一個分離出來。還有三個兄弟電磁力、強力、弱力還緊緊地抱在一起，難捨難分。

引力是一個高超的魔術大師，它憑能量這個道具，可以無中生有地變出許多具有品質的粒子，正粒子，反粒子成對出現（元氣有陰陽之別，由於能量守恆自然規則，它們一定是成對出現）。此時的溫度還非常高，這些剛剛出生的小傢伙脾氣特別暴躁，正負對立，不能共存，個個都是好鬥的拚命三郎，碰在一起非拚得你死我活不可，結果這些好鬥的小傢伙無一倖免，全部兩敗俱傷（湮滅），所以它們的壽命極短，然而，它們的靈魂（能量）不散，在「魔術師」的指揮部下，它們又復活了，又開始新一輪的拚殺，如此循環不止。

$10^{-35}\sim10^{-4}$秒強子時期

時間微調到10^{-27}秒，溫度又降低至10^{27}k，又發生一次相變，原先抱在一起的電磁力、強力、弱力也分家了，宇宙中具有品質

的粒子分成了誇克與輕子兩類。誇克猶如502萬能膠,具有強相互作用力,它們組成質子、中子等粒子,這些粒子都有強相互作用力,稱為強子。(強力作用)

10^{-4}～10秒輕子時期

在強子時期,正反強子相互作用,即刻湮滅,宇宙中絕大部分的強子消失殆盡,只剩下了少數的質子和中子。湮滅後的強子變成光子或輕子,電子、反電子、中微子、反中微子活躍起來,宇宙成為輕子時期。(弱力作用)

大爆炸後一秒,宇宙的溫度冷卻至100億度,性格溫和的中微子與世無爭,退出戰場,成為自由粒子,跑得無影無蹤,至今難以尋覓。正反電子仍然在不依不饒地拼殺,它們大量湮滅成光子,只有少量的電子倖存下來。

10～500000秒輻射時期

宇宙到處是都是正反電子湮滅後的「屍骸」——光子,宇宙變得一片光明(和現在的光明完全不是一回事,現在的光明是透明的,有可視性;那時的光明不透明,沒有可視性。)

大爆炸三分鐘後,宇宙膨脹到約如今的太陽系那麼大,溫度降至10億度,反粒子已經湮滅殆盡,生存下來的正粒子,脾氣也溫和得多了,它們停止拼鬥,開始進行聚合反應,形成原子核。一個中子與一個質子結合,形成氫的同位素氘原子核,兩個質子和兩個中子結合,形成氦原子核,還有大量的質子,無需與別的

粒子結合，自己本身就是原子核，而且數量最多。

500000秒～30萬年恒星時期

30萬年後，宇宙變得足夠冷，溫度和煦宜物，原先像幽靈般的電子，現在大批地湧現出來，出現原子核捕捉電子的壯觀景象。氦原子核捕捉兩個電子，形成穩定的氦原子，氘原子核捕捉到一個電子，形成氫的同位素氘原子，質子是捕捉電子的能手，抓到一個電子，形成氫原子。單身漢的質子本來就多，所以宇宙中氫原子最多，約占75%，其次是氦原子，約占25%，這些就是物質的基本形態，也是以後構成星系的基本材料。

隨著宇宙繼續膨脹，光子成為自由粒子，可以毫無阻擋地飛到遠方去了，宇宙從此變得透明，可以看到遙遠的亮光。宇宙也進入物質為主的時代。這些全部是自然現象，上帝成了自然的化身。

6・星系與恒星的形成

時間線索：140億年前宇宙大爆炸，大爆炸30萬年後是恒星時期，4億年後銀河系形成。17世紀初至20世紀初科學家發現銀河並取名為銀河系。

宇宙大爆炸的30萬年後，新生的宇宙彌漫著微小的物質，以

氫原子和氦原子為主的材料，構成有幾十個億光年那麼體積龐大、密度稀薄的雲團，這一團團雲霧，就是星系的溫床——原始星雲。

星雲是一種由星際空間的氣體和塵埃組成的雲霧狀天體。由於星雲體積龐大，大多是方圓達幾十億光年，其中的物質分布分布稀疏，密度非常低。如果拿地球上的標準來衡量，有些地方幾乎就是真空。星雲的形狀千姿百態，有的星雲形狀很不規則，呈彌漫狀，沒有明確的邊界，叫彌漫星雲；有的星雲像一個圓盤，淡淡發光，很像一個大行星，所以稱為行星狀星雲。

星雲是星系的前身，我們現在觀察的的星系，包括銀河系，都是星雲演變而成的。宇宙在不斷膨脹，星雲物質也變得越來越稀疏，那麼，稀疏的氫、氦物質怎麼會形成具有億萬恒星的星系呢？

星系是怎麼演變形成的，對探索宇宙的科學家來說，這也是一個宇宙難題。星系的形成和演化向來都眾說紛紜，有些已經被廣泛接受，但仍然有不少人質疑，時至今日，科學家還在深入研究。本書綜合已有的相關資料，加上獨立的分析，成為本書的觀點。

據哈勃太空望遠鏡發來的「哈勃深空」照片，第一代星系大概形成於大爆炸後十億年，有幾千個年輕的星系，證明這個時期宇宙中已經有相當豐富的物質，星雲中包含的物質已經不是初期的物質稀疏的星雲，況且那時的宇宙空間相對比較小，星雲比較密集，相互之間必然會發生併吞，大魚吃小魚，物質變得更加稠

密。那些包含大品質物質的星雲，物質的引力大於熱壓力，它們在引力的作用下，收縮聚集成物質團，這應該是最初的星系。隨著宇宙進一步膨脹，新生的物質越來越多，物以類聚，它們先是形成星雲，物質稠密的星雲，引力也大，物質收縮聚集成為星系越來越多。

這裡物質的品質與溫度是關鍵的因素。據英國天文學家金斯研究出一個理論，提出了一個臨界品質，在3000k（822000攝氏度）溫度下，氫、氦物質團品質大於臨界品質的星雲，引力大於熱排斥力，物質就會收縮，集聚變密，形成星系天體。低於臨界品質的星雲，熱排斥力大於引力，星雲就會越來越稀薄，構不成星系。在3000k溫度下，金斯品質（臨界品質）為10^{16}個太陽品質，也就是說在這個溫度下，大於10^{16}個太陽品質的星雲，會形成星系。

宇宙溫度3000k正是輻射時期，大爆炸後一個多小時，那時氫、氦物質已經大量形成，成為一團團星雲，大的星雲竟然達到10^{16}個太陽品質，在臨界品質以上的，都形成星系。構不成星系的星雲，在宇宙的膨脹中，必然會參與新一輪物質的演變，星系不斷的形成，一直到我們現在觀察到的億萬星系。

沒有達到金斯品質的星雲也不少，排斥力使物質散開，成為宇宙塵埃，隨著宇宙膨脹，遊離在宇宙空間，最終絕大多數被星系吞併，其空間成為一片巨大的宇宙空洞。

星雲、星系都是隨著宇宙大爆炸而膨脹，膨脹會使所有的物質處於高速運動狀態，運動狀態的形式各種各樣。最典型的運

動形式是旋轉。物質豐富的星系，引力強大，在引力作用下，必然會形成一個密度最高的中心，周圍所有的物質都流向中心，形成漩渦狀態。其中心處的物質越來越緻密，最後演變成黑洞。那些不斷流向中心的物質流，便是星系的旋臂，這就是漩渦星系。有些物質比較稀疏的星系，旋轉速度比較快，離心力和排斥力大於引力，這種星系的形狀就像一個中間厚，邊緣薄的透鏡星系。還有一些物質品質比較適中的星系，旋轉速度也適中，其離心力稍微大於引力，形成橢圓星系。原先有兩個中心合併的漩渦型星系，其兩個中心的物質逐漸演變成棒狀，形成棒旋星系，銀河系就是這類星系。還有不少物質零星分散，運動不規則的，便形成了形態不規則的星系。星系的形狀大致這五種。據科學家考察，估計現在至少有兩萬億星系。

恒星的演化史

宇宙萬物除了宇宙實體以外，全部都不可能長生不老，更不會萬壽無疆，它們的壽命都是有限的。在宇宙中，到處都有正在死亡和正在新生的恒星。

恒星的壽命十分漫長，演化十分緩慢，太陽的壽命就有50多億年。人的生命太短暫了，根本不可能看到一顆恒星從生到死的全過程，就是人類整個的文明史，也不過幾千年，也不可能積累一顆恒星從生到死的全部資料，那麼人怎麼瞭解恒星的演化過程呢？

人是有智慧的，雖然看不到一顆恒星演化的全過程，但是

可以觀察到大量處在不同演化階段的恒星，綜合這些觀察到的資料，進行研究，就可以瞭解恒星的演化史。

1911年，丹麥天文學家赫茲伯倫和美國天文學家羅素先後發現恒星的光度與表明溫度有一定聯繫，他們把光度與溫度的關係製成一個圖（赫羅圖），圖的橫座標表示恒星的表面溫度，縱坐標表示恒星的光度。他們把觀察到的大量恒星按照它們溫度與光度點在圖上，發現這些點的分布分布有一定的規律性（看赫羅示意圖）。圖的左上方到右下方，大致沿著對角線，其點的分布分布很密集，成帶狀，占總數的90%，天文學家把這條帶稱之為**主星序**，其中的恒星稱為**主序星**。這些主序星的光度與溫度成正比。但是也有許多恒星不處於主星帶上，它們密集在右上方的區域，在這裡的恒星比較異常，光度與溫度成反比，光度很大，表面溫度卻不高，呈紅色，體積十分巨大，叫紅巨星。這個區域都是老年恒星，它們內部的引力小於向外排斥的熱壓力，就會發生膨脹以致爆炸。

在圖的左下角也有一個恒星密集的區域，這裡的恒星表面溫度很高，呈藍白色，光度卻很小，表明它們的體積很小，所以叫白矮星，這裡的恒星都是瀕臨死亡的星體。根據它們原來的品質大小不同，分別演化成中子星、黑洞。

處於主星序帶上的恒星，都是年輕的恒星，根據它們的品質大小不同，生命長短也不同，我們的太陽系處在主星序帶的中下部，品質適中，生命較長，也是值得我們慶幸的事情。

不過，假如沒有那些品質巨大的恒星（在帶的左上方），

它們演化成超巨星的超新星的爆炸，就不會產生那些碳、鐵等重元素，也就沒有人類，所以我們也要感謝它們。這都是上帝的安排，最終我們要感謝上帝。

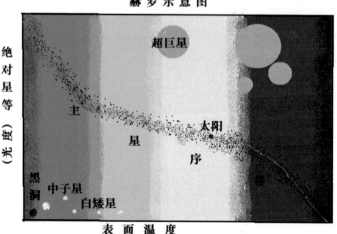

赫罗示意图

恒星的歸宿

物質宇宙中的所有東西，都逃不了生與死的自然規律，恒星的生死規律科學家瞭若指掌，它們的歸宿都標注在赫羅圖上。青壯年的恒星都密密麻麻的處於主星序帶上。

當一顆恒星度過它漫長的青壯年期——主序星階段，步入老年期時，它將首先變為一顆紅巨星。它體積巨大，所以稱它為「巨星」。在巨星階段，恒星的體積將膨脹到十億倍之多。因為在這恒星迅速膨脹的同時，它的外表面離中心越來越遠，所以溫

度將隨之而降低,發出的光也就越來越偏紅,所以稱它為紅巨星。它的歸宿在赫羅圖右上方的「養老院」。

紅巨星一旦住進「養老院」,它體內燃料日益衰竭,中心的溫度、壓力不足,核聚變達到鐵階段而停止產生能量,外殼的重力壓縮它成為一個高密度的天體——白矮星。白矮星,是一種低光度、高密度、高溫度的恒星。因為顏色呈白色、體積比較矮小,因此被命名為白矮星。白矮星是中低品質的恒星的演化路線的終點,它的歸宿在赫羅圖的左下方——恒星的墓地。

當一個超大品質的恒星衰老時,它先進入「養老院」,成為紅巨星,因為它品質龐大,重力也極其巨大,巨大的壓縮力將原子週邊的電子壓縮到原子核中。電子帶負電荷,原子核中的質子帶正電荷,它們一結合,全部都中和為中子了,使原子變得僅由中子組成,中子支撐住了中子星,阻止它進一步壓縮。而整個中子星就是由這樣的原子核緊挨在一起形成的。可以這樣說,中子星就是一個巨大的原子核。中子星的密度就是原子核的密度,像方糖那樣大小的重量有幾十噸重。它的引力巨大,讓光線都是呈拋物線掙脫。

中子星的歸宿在赫羅圖的左下方的宇宙墓地裡,不過它由於中心的壓力與溫度過大,整個星體都會以一次極為壯觀的超級爆炸來了結自己的生命,這就是天文學中著名的「超新星爆發」。

超新星爆發之後,中子星就只剩下了一個「核」,僅有幾十公里大小,它的旋轉速度很快,有的甚至可以達到每秒714圈。在旋轉過程中,它的磁場會使它形成強烈的電波向外界輻射,這

就是中子星的骸骨——脈衝星。脈衝星就像是宇宙中的燈塔，源源不斷地向外界發射電磁波，這種電磁波是間歇性的，而且有著很強的規律性。磁極射出，輻射具有很強的方向性。由於脈衝星的自轉軸和它的磁軸不重合，在自轉中，當輻射向著觀測者時，觀測者就接收到了脈衝。脈衝星就是快速自轉的中子星。

品質超大的恒星（是太陽品質的幾十倍）衰老過程，前期和中子星類似，到了後期，它進入中子星的狀態，超新星爆炸後，中子星還保留下一個中子核，由於這個恒星品質超大，它的引力也超大，以雷霆萬鈞坍塌之勢，將中子核壓得粉碎，瞬間形成一個空間無限小、能量無限大的奇點，也就是科學家發現的黑洞，在宇宙「墓地」裡，它幽靈尚在，屍骨無存。

太陽目前還是一個青壯年的恒星，穩定地在主序星帶上發光發熱，科學家已經和它「算命」，50億年後它將進入「養老院」，成為一個紅巨星，它最後的歸宿在赫羅圖的左下方，成為一個白矮星。

銀河系

宇宙大爆炸4億年以後，銀河系隨著星系一起形成了，據科學家估計，銀河系的年齡約136億年，幾乎和宇宙年齡相差不大。

在1610年，伽利略使用他的望遠鏡研究天空中明亮的帶狀物，也就是當時所知的銀河，並且發現它是數量龐大但光度暗淡的恒星聚集而成的。一直到20世紀初，天文學家才將這條銀河定名為銀河系。

銀河系是一個包含恒星、氣體的星際物質、宇宙塵埃和暗物質，中心可能有一個超大黑洞，並且受到重力束縛的大星系。銀河系形狀如運動員投擲的鐵餅，可分為核球、銀盤、旋臂、銀暈等部分。銀河的盤面估計直徑為13萬光年，恒星大部分都集中在這個地方。銀河系的恒星不少於2000億個，總品質約為太陽的2100億倍。它的形狀為棒旋星系，其中心不是圓球狀，而是一個棒狀，中心隆起，兩頭收縮為橄欖球形狀。銀河系的中心原先也是圓球形狀，後來它吞併了許多小星系，其中有一個星系比較大，它的中心呈圓球狀，與銀河系的中心合併成兩個圓球，隨著星系的演變，兩個圓球逐漸慢慢地合在一起，在這個合併過程中，起初呈棒狀，就是現在看到的形狀，以後可能會演變成一個圓球狀。

銀河系有許多旋臂，最新研究發現銀河系可能只有兩條主要旋臂——人馬座旋臂和矩尺座旋臂，其絕大部分是氣體，只有少量恒星點綴其中。

太陽系位於一條叫做獵戶臂的旋臂上，距離銀河系中心約2.64萬光年，逆時針旋轉，繞銀心旋轉一周約需要2.5億年。

7・太陽系的形成

時間線索：50億年前一個雲團演化，經歷40多萬年後形成太陽。

在銀河系億萬恒星中，有一個恒星叫太陽，這個光輝耀眼的火球，以強大的引力在自己的勢力範圍內，建立了一個龐大的天體家族——太陽系。

太陽系是由太陽、九大行星和它們的60多顆衛星、眾多星際物質組成的天體系統。它們在太陽的強大引力作用下，都圍繞它公轉。太陽的品質占太陽系總品質的99%以上，它的主要成分是氫和氦，還有少量的氧、碳、氮、鐵、矽、鎂、硫。它的半徑為69.6萬千米。核心溫度高達1000萬度以上。內部氫聚變為氦的熱核反應，是太陽光和熱的主要來源。

太陽是與人類息息相關的恒星，它的起源也是人類最感興趣並且一直在探討的問題，以前由於沒有先進的科學儀器來觀察，人們對太陽的問題大多是猜測、假說甚至是神話。

隨著科學的發展，觀察天體的儀器有了極大的改進，近代對太陽系起源的問題才得到一些共識。

首先在太陽系起源的時間和位置上有了確定：大約在50億年前，在銀河系的盤狀的體系中，離開中心大約25億億千米的地方，存在一個大小約等於現在太陽直徑500萬倍的雲團。在大約40多萬年之後，這個雲團中心形成了一個高溫、高壓、高密度的氣體球，並在其核心觸發了由四個氫原子核聚變成一個氦原子核的反應，釋放出大量的熱和光，它就是太陽。

太陽系形成是一個很複雜的天體演變，其原因眾說紛紜，各種學說都有一定的道理和不足。

比較著名的有18世紀的康得——拉普拉斯星雲說

　　康得是德國著名的哲學家，他認為太陽系的所有天體是從星雲內的彌漫物質在引力作用下，逐漸聚集形成的。雖然物質微粒聚集成團，它們也有稀密之分，密度大的物質微粒團，內在引力大，把周圍的物質微粒或物質微粒稀薄的團塊吸引過來，逐漸增大，最後，其中最大的團塊成了太陽。

　　法國天文學家拉普拉斯又提出了一個新的太陽系起源星雲假說，他認為：太陽系原是一團旋轉的星雲，因冷卻而收縮，於是越轉越快，在旋轉快到一定程度時，星雲外緣的離心力超過了吸引力的控制，便分離出了一個圓環；此後星雲繼續收縮，又可分離出另一個圓環。如此繼續下去，於是前後七次共分離出了七個圓環，後來這些圓環便各自收縮冷卻聚成了行星。

　　康得・拉普拉斯星雲說誕生後，有關太陽系起源的問題吸引了許多科學家，各種學說相繼出現，有災變學，此學說認為某個天體事件，使太陽發生災變，以至太陽分裂出大量物質。美國數學家張伯倫提出「子星假說」，認為這部分從太陽分裂出來的物質，形成環繞太陽旋轉的氣體盤，逐步凝聚成大小不同的固體物質（子星），子星相互碰撞，聚集形成行星。英國天文學家金斯提出的「潮汐假說」認為，一個恒星靠近了太陽，引起太陽潮汐變化，吸引出了一條長長長的物質帶，斷裂成許多團狀體，凝聚成行星。原蘇聯的施密特提出了一種「俘獲假說」，認為太陽從它經過的一個星雲俘獲了部分物質，在太陽周圍形成星雲盤，盤中物質碰撞凝聚成行星和衛星。

　　現代有中國著名的天文學家戴文賽對太陽系起源研究作出

了卓越的成績。他在康得・拉普拉斯星雲說的基礎上，發展了太陽系起源的理論，他依據恒星形成的現代觀察資料和理論，論述了太陽系的形成過程，誕生太陽系的原始星雲是一個龐大的星際雲瓦解出來的，它一開始具備母體的旋轉本能，並且具有吸引與收縮能力，中心部分逐漸收縮成為一個恒星——太陽，外面的部分，在旋轉的離心力下，形成扁的星雲盤，星雲盤內的塵埃物質凝聚成許多子星，它們不斷地相互碰撞，形成大小不同的行星。

這些理論都離不開星雲，無疑，星雲是恒星誕生的搖籃。星雲有原始星雲和後續的星雲，原始星雲是早期的塵埃雲團，也許是幾百億年前的事情，那時遠遠不是太陽系形成的時期，太陽系形成應該是在後續的星雲中。這種後續的星雲是超新星爆炸拋射出來大量的氣體塵埃所產生的，這裡面有各種元素，被後來形成的太陽系吸收，包括我們身體中的原子。

星雲的物質分散得非常均勻稀薄，所以星雲的重力也十分微弱，不容易凝聚成星體。但是超新星爆炸發出來的激波波紋會使星雲中部分物質壓縮成團，這些緻密的團塊就有足夠的引力吸入更加多的物質，這一過程催化了太陽的誕生。

初始的太陽不斷地吸入氣體和塵埃，這種吸收力促使主體太陽旋轉，並且隨著收縮，旋轉速度加快，就像花樣滑冰運動員收緊雙臂時，旋轉的速度加快一樣。

初始的太陽還不是像現在的太陽那樣光芒四射，溫度也沒有現在那樣高，僅僅是一個氣體、塵埃球。當年輕的太陽吸入更加多的物質後，變得越來越重了，它的引力也越來越強了，氣體分

子與塵埃物質相互碰撞產生的熱量也越來越高了，此時，太陽才發出微弱的光線。

太陽內部的壓力和溫度在直線上升，直到內部達到核聚變的臨界點，聚變反應開始在核心爆發，太陽被點燃了，上帝打開了宇宙之燈的開關。經過7500萬年的引力收縮階段，到達主星序位置。

九大行星和地球的歷史

下面對八個行星作簡單的陳述，地球另外著重闡述。

九大行星（SolarSystem）是太陽系的內行星，按照離太陽的距離從近到遠，它們依次為水星、金星、地球、火星、木星、土星、天王星、海王星、冥王星。

水星，是一個類地行星，密度5.43克/釐米^3，是太陽系中僅次於地球的第二大天體。半徑2440千米，表面溫度，白天427度，夜晚零下173度，水星離太陽的平均距離為5790萬公里，它每87.968個地球日繞行太陽一周，而每公轉2.01周同時也自轉3圈。它沒有衛星。

金星，是一個類地行星，密度5.24克/釐米^3。半徑6052千米，表面溫度400多度，離太陽平均距離10820萬公里，它每224.695個地球日繞行太陽一周，它的自轉與公轉方向相反，243日自轉一周，在金星上看到的太陽是從西面升起，東方降落。金星上沒有水，大氣中嚴重缺氧，二氧化碳占97%以上，空氣中有一層厚達20千米至30千米的濃硫酸雲。金星地面的大氣壓強為地

球的90倍，相當於地球海洋中900米深度時的壓強，是個名副其實的「煉獄」般世界。它沒有衛星。

地球，固態行星，密度5.52克/釐米^3，半徑6378千米，離太陽平均距離14960萬千米，公轉週期365.256日，自轉週期23.9345時，表面溫度零下30~+45攝氏度。它是太陽系中唯一一顆面積大部分被水覆蓋的行星，也是目前所知唯一一顆有生命存在的星球。有一個衛星月球。

火星，是一個類地行星，密度3.94克/釐米^3，半徑3397千米，表面溫度非常低，在夜晚，最低溫度則可達到-123℃，離太陽平均距離22790萬千米，它每686.93個地球日繞行太陽一周，自轉週期24.6時，火星被稱為紅色的行星，這是因為它表面布滿布滿了氧化物，因而呈現出鐵銹紅色。在遠古時期，火星曾經有過液態的水，而且水量很大。

木星，它是氣態行星，沒有實體表面，密度1.33克/釐米^3，半徑71492千米，是太陽系中最大的一顆行星，比所有其他的行星的合品質大2倍（地球的318倍），離太陽平均距離77840萬千米，它每11.86地球年繞行太陽一周，自轉週期9.84時，它有67顆木衛。

土星，也是氣態行星，密度0.7克/釐米^3，小於水，它可以漂浮在水中。半徑60286千米，離太陽平均距離142670萬千米，它每29.42地球年繞行太陽一周，自轉週期10.233時。它有一個巨大的磁氣圈，還有31顆衛星。

天王星，氣態行星，密度1.33克/釐米^3，半徑25559千米，離

太陽平均距離287100萬千米，公轉週期83.75地球年，自轉週期17.2時（逆向），天王星雲層的平均溫度為零下193攝氏度，上層大氣層的甲烷吸收紅光，使天王星呈現藍綠色。

海王星，氣態行星，密度1.76克/釐米^3，半徑24764千米，離太陽平均距離449830萬千米，公轉週期163.72地球年，自轉週期16.1時。海王星雲頂的溫度是－218°C，是太陽系最冷的地區之一，而它的核心溫度約為7000°C，和太陽的表面差不多。

冥王星，氣態行星，密度1.10克/釐米^3，半徑1195千米，離太陽平均距離590640萬千米，公轉週期248.02地球年，自轉週期6.39日（逆向）。冥王星的表面溫度大概在-238到-228℃之間，是一個極其寒冷的世界。冥王星的行星屬性未決，它由於其軌道與海王星的軌道相交，不符合新的行星定義，因此被自動降級為「矮行星」，2006年8月24日，國際天文學聯合會大會24日投票決定，不再將傳統九大行星之一的冥王星視為行星，而將其列入「矮行星」。

8・地球的歷史 🔖

時間線索：46億年前至0.062億年前出現人類。

地球是人類的棲息之地，有得天獨厚的自然環境，還有名目繁多欣欣向榮的生物，儘管如此，它仍然是一顆普通的行星，和

其他的行星一樣，它是自然的產物。

地球的得天獨厚的自然環境，引起了人們非非臆想，科學家通過複雜的計算，以高深的物理資料證明地球來之不易，其資料都是相當精確微妙，地球的位置和運行軌道差一點點地球就不是如此美妙，差一絲一毫地球就成為煉獄，因此有人認為地球的存在是特殊的，是經過精心計算的。

誰有如此的能力來計算地球的特殊性，人類絕對沒有這種能力，況且那時人類還沒有出生，那肯定是上帝了。於是宗教趁機發揮，信誓旦旦地說，這一切都是上帝所為，並且將上帝創世與造人的觀念發揚光大。相信的人也不少，信仰自由，無可非議。不過本書信仰的是自然規律。

歷史是以真實為准則，還是看看地球真實的歷史。現代科學家已經掌握了大量有關資料，能夠重建地球過去的歷史。

太陽系的物質起源於45.672億±60萬年前，而大約在45.4億年前（誤差約1%），地球和太陽系內的其他行星開始在太陽星雲——太陽形成後殘留下來的氣體與塵埃形成的圓盤狀內形成。通過吸積的過程，地球經過1至2千萬年的時間，大致上已經完全成形。從最初熔融的狀態，地球的外層先冷卻凝固成固體的地殼，水也開始在大氣層中累積。月亮形成的較晚，大約是45.3億年前，一顆火星大小，品質約為地球10%的天體（通常稱為忒伊亞）與地球發生致命性的碰撞。這個天體的部分品質與地球結合，還有一部分飛濺入太空中，並且有足夠的物質進入軌道形成了月球。

釋放出的氣體和火山的活動產生原始的大氣層，小行星、較大的原行星、彗星和海王星外天體等攜帶來的水，使地球的水份增加，冷凝的水產生海洋。溫室效應和溫度較高太陽活動的組合，提高了地球表面的溫度，阻止了海洋的凝結。

有兩個主要的理論提出大陸的成長——穩定的成長到現代，和在早期的歷史中快速的成長。研究顯示第二種學說比較可能，早期的地殼是快速成長的，隨後跟著長期穩定的大陸地區。在時間尺度上的最後數億年間，表面不斷的重塑自己，大陸持續的形成和分裂。在表面遷徙的大陸，偶爾會結成超大陸。大約在7.5億年前，已知最早的一個超大陸羅迪尼亞開始分裂，稍後又在6億至5.4億年時合併成潘諾西亞大陸，最後是1.8億年前開始分裂的盤古大陸。

地球演變大致分三個階段：

第一階段為地球圈層形成時期，其時限大致距今4600至4200萬年。46億年前誕生時候的地球與現在大不相同。根據科學家推斷，地球形成之初是一個由熾熱液體物質（主要為岩漿）組成的熾熱的球。隨著時間的推移，地表的溫度不斷下降，固態的地核逐漸形成。密度大的物質向地心移動，密度小的物質（岩石等）浮在地球表面，這就形成了一個表面主要由岩石組成的地球。

第二階段為太古宙、元古宙時期。其時限距今4200～543萬年。地球不間斷地向外釋放能量，由高溫岩漿不斷噴發釋放的水蒸氣，二氧化碳等氣體構成了非常稀薄的早期大氣層——原始大氣。隨著原始大氣中的水蒸氣的不斷增多，越來越多的水蒸氣凝

結成小水滴，再匯聚匯聚成雨水落入地表。就這樣，原始的海洋形成了。

第三階段為顯生宙時期，其時限由543萬年至今。顯生宙延續的時間相對短暫，但這一時期生物及其繁盛，地質演化十分迅速，地質作用豐富多彩，加之地質體遍佈全球各地，廣泛保存，可以極好的對其進行觀察和研究，為地質科學的主要研究物件，並建立起了地質學的基本理論和基礎知識。

地球的時代劃分：

1，冥古、隱生代：史前時代距今45.7億年：地球出現。

2，原生代：史前時代距今41.5億年：地球上出現第一個生物細菌。

3，酒神代：史前時代距今39.5億年：古細菌出現。

4，早雨海代：史前時代距今38.5億年：地球上出現海洋和其他的水。

5，太古宙、始太古代：史前時代距今38億年：地球的岩石圈、水圈、大氣圈和生命形成。

6，古太古代：史前時代距今36億年：藍綠藻出現。

7，中太古代：史前時代距今32億年：原核生物進一步發展。

8，新太古代：史前時代距今28億年：第一次冰河期。

9，元古宇、成鐵紀：史前時代距今25億年。

10，層侵紀：史前時代距今23億年。

11，造山紀：史前時代距今20.5億年。

12，古元古代、固結紀：史前時代距今18億年。

13，蓋層紀：史前時代距今16億年。

14，延展紀：史前時代距今14億年。

15，中元古代、狹代紀：史前時代距今12億年。

16，拉伸紀：史前時代距今10億年。

17，成冰紀：史前時代距今10億年：羅迪尼亞古陸形成。

18，新元古紀、埃迪卡拉紀：史前時代距今6.3億年：多細胞生物出現。

19，顯生宇、古生代、寒武紀：史前時代紀今5.42億年：寒武紀生命大爆發。

20，奧陶紀：史前時代距今4.883億年：魚類出現、海生藻類繁盛。

21，志留紀：史前時代距今4.437億年：陸生的裸蕨植物出現。

22，泥盆紀：史前時代距今4.16億年：魚類繁榮、兩棲動物出現、昆蟲出現、裸生植物出現、石鬆和木賊出現。

23，石炭紀：史前時代距今3.592億年：昆蟲繁榮、爬行動物出現、煤炭森林。

24，二疊紀：史前時代距今2.99億年：二疊紀滅絕事件，地球上95%生物滅絕；盤古大陸形成。

25，中生代、三疊紀：史前時代距今2.51億年：恐龍出現、卵生哺乳動物出現。

26，侏羅紀：史前時代距今1.996億年：有袋類哺乳動物出現；鳥類出現；裸生植物繁榮；被子植物出現。

27，白堊紀：史前時代距今0.996億年：恐龍的繁榮和滅絕、
白堊紀一到第三紀滅絕事件，地球上45%生物滅絕，有
胎盤哺乳動物出現。

28，第三代未知動植物都接近現代。

29，第四代：史前時代距今0.0621億年人類出現。

地球有了人類以後，地球才被認識，和宇宙一樣，從實在層
面昇華到識在層面，虛歷史變為實在的歷史。同時地球的命運逐
步被人類主宰，人的智慧和愚蠢可以將地球興旺，也可以將地球
毀滅。

9・物質宇宙的結構

時間線索：這是對宇宙的整體描述，認識於20世紀，21世
紀本書增加了新觀點。

我們這個物質宇宙是整個宇宙的滄海一粟，宇宙實體無窮
大，再大的物質宇宙，都是滄海一粟。由於人類目前只認識自己
所在的物質宇宙，所以它就成為整個宇宙歷史的主體，其他的物
質宇宙儘管屬於實在層面，但是它們目前為止還沒有被人類認
識，其歷史也就是虛幻的。

物質宇宙雖然是滄海一粟，但對人類來說是一個浩瀚無邊的
星際空間。目前人類看到最遠的空間，是哈勃太空望遠鏡看到的

134億光年遠的星系發出的光，宇宙到底有多大，遠遠超過人類的想像。

物質宇宙內，充滿著各種各樣的物質，有看得見的星系和星雲，有看不見的引力、磁場和各種射線，這些東西統統加起來，據科學家統計，只有整個物質宇宙的5%不到。在大片大片巨大的空洞中，這樣微不足道的物質是怎麼維持其整體結構的穩定性，科學家一直疑惑不解。

科學家猜想宇宙中有一種暗物質存在，起作「膠水」作用，使相距遙遠的星系之間保持平衡。科學家為了探測暗物質、暗能量，採用了當前最先進的儀器，至今尚未探測到暗物質的任何資訊、任何具體的資料，僅僅停留在猜想中。

凡是物質，不管看得見還是看不見，都有一定的蛛絲馬跡，都逃不過現代先進的探測器的眼睛，而且暗物質、暗能量這麼龐大，充滿在宇宙空間，具有無窮的能量，怎麼會一點痕跡都探測不到呢，唯一的可能它根本就不具備物質的性質。

物質宇宙卻95%空間沒有物質，那麼，宇宙大爆炸誕生什麼東西為主呢，難道僅僅是那5%不到的微量東西？其物質宇宙結構確實值得科學家重新思考的問題。

前面說到愛因斯坦廣義相對論的時空，是一個巨大的蜘蛛網，這個「蜘蛛網」也布滿布滿了整個物質宇宙，它也許就是「暗物質」，起著「膠水」作用。「時空」不是具體的物質，它只有通過具體的物質間接地體現出來，所以直接探測不到。

問題就是這個「蜘蛛網」有這麼大的力量嗎？「時空」顧名

思義是一個空蕩蕩的空間，遠離星系的空間連引力都微弱了，更加沒有什麼力了；時間更不是什麼有力的東西了，為何有這麼強的力起「膠水」作用？

還有一個愛因斯坦設想的「宇宙常數」。在哈勃發現宇宙膨脹之前，科學家對引力迷惑不解，引力為什麼沒有把所有的星際物質吸引成一團超級星球，是什麼力讓它們保存平衡，相安無事。愛因斯坦為此假設了一個「宇宙常數」相當於一種排斥力，平衡了引力，使所有的星系星球保持平衡，相安無事。後來愛因斯坦發現這種「宇宙常數」是畫蛇添足，是他一生中最大的錯誤。不過現代的科學家還是在思考愛森斯坦的「宇宙常數」，認為「宇宙常數」可能是暗物質，暗能量，維持物質宇宙整體的平衡。這種設想有一定的道理，但是這種思維還是在物質範疇內，沒有看到它的實質。

固步自封於物質中，思維必然僵化，思維跳出物質的樊籠，別有一番天地。

讓我們的思路回到第一歷史層面「實體」宇宙中去，面對陰陽（正反）兩面構成統一的實體。陰陽兩面相互排斥、轉化使宇宙充盈著元氣，讓整個宇宙充滿了生氣，概率媒介促使宇宙母親「懷孕」，無中生有一個具有無限能量的「核」，並且誕生一個物質宇宙。這個物質宇宙具有物質的成分，又有元氣的成分，陰陽虛實相輔相成，構成一個整體。就如母親產下的嬰兒，嬰兒有血肉的成分，也有精神（元氣）的成分，這是一個整體，缺一就不是活生生的人。元氣是一種看得見測量不出的

東西，一個朝氣蓬勃的年輕人和一個暮氣沉沉的老年人，誰元氣足誰元氣弱，一目了然。一顆枝繁葉茂的樹和一顆枯枝敗葉的樹，那顆有元氣，那顆沒有元氣，也是一目了然，但是無法測量出來。

元氣是宇宙陰陽混成之氣，是天然之氣，是和物質緊密聯繫在一起的丹田之氣。中國古代文化的「天人合一」學說，從天象理解人，從人象詮釋天，其中貫穿著元氣。可以說物質與元氣本來就合二為一的東西，物質密度集中一些，元氣密度虛散一些，總量相當。其中你中有我，我中有你，無所謂誰粘誰。在人類看起來那虛散的東西是空間，那密集中的東西是物質，這是人類的誤判。

物質與元氣實質上血肉關係，牛頓把這種血肉關係看成為物質與引力的關係，愛因斯坦把這種血肉關係的變化過程引入了時間概念，稱之為時空。演變成自然規律、物理定律，也是人類的智慧。

物質與「空間」是一對正反兩面的對立統一體，就如一枚硬幣正反兩面一樣，不可分開，一分開，什麼都不是。正反兩面中間不是虛無的，一定要有實質性的東西，這樣才成為一個整體。硬幣正反兩面中間的東西是物質，陰陽正反兩面中間是整體宇宙，物質與空間正反兩面中間是元氣，也就是所謂的暗物質，暗能量。有了這層結構關係，物質宇宙就穩定了，不會四分五裂。哈勃發現的宇宙膨脹想像，是在物質彈性極限範圍內，元氣宛如彈簧，能升能縮，「彈簧」斷裂，物質宇宙就會四分五裂。物質

宇宙自身的力量（大爆炸的力量）是不會把「彈簧」拉斷的，所以我們這個物質宇宙不會四分五裂。

10・引力的本質

> 時間線索：認識於17世紀，20世紀有了新的認識，21世紀本書增加了新觀點。

萬有引力是牛頓發現的，一發現了這個自然現象，就存在著不少謎團，經過幾百年的探索，引力這個神祕的面紗從未揭示出來，一直到現在引力的本質還是一個謎。

探索引力有一段漫長的歷史，從哥白尼的日心論到牛頓的萬有引力定律，宇宙模式經過三百年的想像、觀測和科學考證，天文學家、科學家對宇宙模型的描述，不論在形態上、運行規律上、時間週期上等都趨於完善了。然而，這些都是天體的表面現象，一個深層次的問題正等待科學家去探討索：為什麼行星圍繞著太陽運轉，而不各自分離。

當時有一些科學家在探索這個看不見、摸不著的謎，其中笛卡爾的「乙太旋渦」的猜想最有影響力，惠更斯、胡克、倫恩、哈雷等都傾向這個觀點，還算出了「乙太旋渦」力與星球距離平方成反比的科學猜想。

1687年牛頓發表的論文《自然定律》，對萬有引力和三大運

動定律進行了描述，讓人們理解了為什麼行星繞太陽運轉，不各自分離的道理。接著又迎來了更大的謎團。當時人們心目中的宇宙，是一個永恆不變、平坦靜態的整體，可以想像在這個靜態的宇宙中，所有具有引力的天體，都會相互吸引，宇宙必然會成為一個星球大碰撞的戰場，最終它們會擠成一堆，成為一個超級巨星。可是事實並非如此，幾千年來，人們觀察到的天體，都各自相距很遠，互不侵犯，雖然有個別小行星、隕石撞擊地球的事件，這是它們脫離軌道，闖入地球的引力範圍，整體上大家都相安無事。是什麼力量使它們和平相處，保持平衡呢？科學家為此傷透了腦筋，他們試圖修正牛頓的理論，認為引力在非常大距離時轉化為排斥力，恒星之間的引力被斥力所抵消，使天體保持平衡。有些科學家對這樣的猜測提出質疑，且不說引力如何神祕地轉化為斥力，即便天體之間達到這樣的平衡，那也是極不穩定的。宇宙中有億萬個恒星，只要某一區域內的恒星的位置稍微變動一下，引力與斥力之間平衡就會打破，一個區域的變動，必將影響全域，整個宇宙的平衡便會發生多米諾骨牌效應。況且，這種斥力猜想也沒有得到科學的證實，一百多年來，這個謎團一直沒有解開。

　　時代跨入二十世紀，愛因斯坦在廣義相對論里加進了引力這一無所不在的參數（狹義相對論是沒有引力這個參數的），對引力進行了全新的闡述，在充滿引力的宇宙中，星系之間如何保持平衡問題上他奇思妙想，在他那深奧的數學方程中附加一個「宇宙常數」，他認為這個「宇宙常數」起著排斥效應，可以和引力

相抗衡，使宇宙保持穩定平衡。一個新的科學理論要經過嚴格的驗證，後來科學證明愛因斯坦的「宇宙常數」完全是畫蛇添足，多此一舉，為此，愛因斯坦承認「我一生中所犯的最大錯誤」。

　　科學家在探索自然，認識宇宙時，犯錯誤是常有的事。就以宇宙的整體狀態的認識來說，二十世紀前，人們都認為宇宙是無限永恆靜態的，人有生老病死，物有衰變蝕化，惟有宇宙是不朽的。即使是著名的科學家也沒有提出過質疑。在靜態宇宙的模式下，引力平衡之謎是永遠無法解開的。

　　打破這個僵局的是一位美國天文學家愛德溫·哈勃。1929年，哈勃使用威爾遜山天文臺上威力強大的望遠鏡研究星系距離時，發現了一個具有里程碑意義的現象：不管你往哪個方向看，遠處的星系都在紅移，（紅移、藍移是天文學的一個術語，紅移表示物體遠離而去；藍移表示物體駛近而來）表明所有的星系都在高速地遠離我們而去，意味著宇宙正在膨脹，這類似正在充氣的氣球，它表面上的斑點的距離，隨著氣球的膨脹而增大。哈勃還發現，越是遠的星系，其退行速度越高，哈勃用一個數學方程來表達這個關係，即所謂「哈勃定律」。哈勃發現的膨脹宇宙，給那些堅信宇宙是無限永恆不變的人們的腦袋，狠狠地膨脹了一下，使他們在舊觀念中清醒過來。所有的科學家一下子都明白了，原來抗衡引力的東西就是宇宙的膨脹力，事情是那麼簡單明瞭，引力之謎團大白於天下。

　　牛頓發現了萬有引力，他的引力理論能高度精確地預言物體如何在引力作用下運動，卻沒有說明引力是什麼東西，物體之間

彼此分離，甚至分離億萬千米，引力是以什麼方式來作用於它們的。這個問題牛頓本人也搞不清楚，他說：「物質之間沒有其他非物質形式的仲介而能無接觸地相互發生作用，是難以置信的。引力也許是物質生來所固有的本性，所以一個物體能通過虛空超距地作用於另一個物體，而無需其他任何仲介作為那力的承載物和傳播者。這一點在我看來真是一個偉大的謬誤，我相信凡對哲學問題有足夠思想能力的人都不會信它。引力必然有一個以一定規律持續作用的動因，不論這動因是物質的還是非物質的，我都留給我的讀者去思考。」牛頓給後人留下了一個天大的謎。

愛因斯坦著了魔似的思考引力問題，他寫信告訴他的朋友物理學家索末菲說：「我現在完全被引力問題佔有了……我生來還從未有過什麼事情這樣困擾著我……與這個問題相比，原先的狹義相對論不過是一場遊戲。」引力無處不在，卻空空如也，愛因斯坦怎麼能探索到這個「空空如也」的東西呢？

有一天忽然有一個靈感的火花在愛因斯坦的頭腦中一閃，他把引力和加速度運動聯繫在一起，思路豁然開朗，前面展現出柳暗花明的景象——加速度和引力等效。問題是那樣的簡潔明瞭，致使愛因斯坦激動地說：「這是我一生來最快樂的思想。」

加速度怎麼會和引力等效呢？舉一個在我們日常生活中乘電梯的例子來說明。當我們站在電梯裡，電梯沒有啟動時，我們都知道我們所以能站在電梯的地板上，是因為有地心引力在起作用，當電梯啟動上升這一瞬間，我們的腳底下突然感到有一股往上的推力，我們也明白這是電梯啟動時加速度產生的力。那麼引

力和加速度有什麼關係呢？現在做兩組假想的實驗。讓參加實驗的人各進入一個特製的電梯，它四周密封，底部還裝有可調節動力大小的噴氣發動機（就類似火箭）。在不知情的情況下把一個送到沒有引力的太空中，把另一個送到有引力的空中。然後發動在太空的那個特製電梯的噴氣發動機，調整其動力使它產生的加速度和地球的引力一樣強，此時雖然沒有引力，但持續的加速度運動產生的推力仍使裡面的人安穩地站在電梯的地板上，絲毫沒有失重的異感；在有引力空中的另一個電梯，讓其自由下落（向下的加速度），在電梯裡面的人和所有沒有固定的物體由於自由下落而失重，全都飄在電梯的空中。現在要他們回答，誰在太空誰在地球的天空，他們必定會做出相反的答案。他們誰也分辨不出腳下的力是引力還是加速度產生的力，也分辨不出是自由下落的加速度還是失重。這說明引力和加速度運動的力是等效的，這裡不光是我們的感覺等效，而且在這局部的小區域內（這個小是相對於地球和所處的周圍時空相比，它也可以是一個實驗室或更大的場所），所作的一切物理實驗其物理規律都是和在地球上以及宇宙所有的地方一樣等效。這也就是廣義相對論裡起著核心作用的等效原理。

愛因斯坦發現了引力和加速運動的基本聯繫，這是對引力認識的一次昇華，只是揭開引力那神祕面紗的一角。當愛因斯坦那富於想像力的頭腦將引力和加速運動建立了第二種聯繫後，引力才露出了真面目：時空彎曲。

引力和加速運動是如何使時空彎曲的，這是在廣義相對論

中最艱深的數學方程，沒有高超的數學技巧是打不開廣義相對論的大門。由於愛因斯坦在上大學時忽視了數學的重要性，這時他感到力不從心，一個數學攔路虎攔住了他。幸虧有他的同窗學友——數學家格羅斯曼幫了他的大忙，幫助他掌握了有關數學理論和運算方法。還有曾罵他是「懶狗」的數學老師閔可夫斯基也以優美的數學形式，揭示出三維歐幾裡得幾何同物理時空連續區之間的形式關係，給愛因斯坦極大的啟發。終於在1915年11月愛因斯坦打開了廣義相對論的大門。

　　牛頓對引力的困惑，現在可以用愛因斯坦的新概念——時空彎曲來解釋了。就以地球繞太陽運行為例，牛頓的引力觀認為，引力是一根看不見的繩子從太陽那裡生出來，瞬間穿過遙遠的空間距離，把地球牽住。愛因斯坦的時空新概念認為，是太陽的巨大引力使周圍時空彎曲，地球圍繞著彎曲的軌道運行。為了更容易理解這一三維的空間形象，我們用二維的類比來代替三維空間，而且暫且把時間撇在一邊。用一張橡皮膜模擬二維空間，沒有任何物質或能量存在時，這二維空間是平坦光滑的。現在拿一隻保齡球模擬太陽放在橡皮膜上面，橡皮膜（空間結構）因大品質物體的存在而發生扭曲，形成一個比保齡球大得多的圓形凹坑。假如我們以一定的初速度在橡皮膜上放一粒小滾珠（模擬地球），它必然會沿著凹坑的曲線，圍繞著保齡球作圓周運動。把地球牽在軌道上的看不見的引力繩，並不是太陽施展的神祕魔術，而是因為太陽的存在其引力所導致的空間彎曲。這個簡單的二維模型，顯示出引力的具體形態，和引力的傳播機制。愛因斯

坦的這種引力的新概念，和牛頓的引力定律是一致的，還是以橡皮膜上的保齡球了看，保齡球越重，橡皮膜的扭曲範圍越大。這意味著物體品質越大，它能作用於其他物體的引力就越大，這跟我們的經驗是一致的；距離保齡球越遠的地方，那裡的膜的變形越小，引力作用也就越弱，這也是我們熟悉的引力特性。在橡皮膜上的小滾珠也是具有品質的物體，同樣會使橡皮膜扭曲，不過要比保齡球的小得多。地球就是這樣帶著月球在軌道上運行的。

我們剛才把時間撇在一邊只看空間，在宇宙中時間和空間是編織在一起的網路，它們是相依相存的，引力會使空間彎曲，同時也使時間彎曲。空間彎曲我們從橡皮膜和保齡球的例子很直觀地看到了（和三維空間的彎曲形態有所區別），時間是怎麼彎曲的呢，用類似的圖像就很難說清楚了，這裡只能用時間的快慢來說明瞭。引力是怎樣來影響時間的呢？前面講過在廣義相對論裡引力和加速運動是等效的，前面講過速度能改變時間的快慢，因此引力也會改變時間的快慢，離引力場越強的地方，時間走得越慢，離引力場越遠的地方，時間走得越快。（科學實驗證明瞭這是真實的）

愛因斯坦提出的時空彎曲，在當時是一大奇聞，許多科學家都抱懷疑的態度，只有得到科學的驗證才能打消人們的懷疑。好在愛因斯坦用他的新引力觀點計算了星光掠過太陽時，太陽的引力使星光偏轉的角度，其值為0.00049度，這就是時空彎曲影響星光的路線而表現出來的結果，只要驗證了這個結果，也就驗證

了時空彎曲。平時，由於陽光太強，無法看到那微弱的星光，只有在日食時才有可能進行測量，科學家就等待著這一天的到來。1919年5月29日，科學家期盼的日食來臨，由英格蘭皇家天文學會秘書、著名天文學家愛丁頓組織的考察隊來到觀測日食最佳的地方——西非海岸的普林西比島，檢驗愛因斯坦的預言。

普林西比的日食照片和另外一組英國考察隊從巴西索佈雷爾拍回的日食照片，經過五個月的分析後，1919年11月6日皇家學會和皇家天文學會聯合舉行會議宣布宣布，愛因斯坦基於廣義相對論的預言得到了證實。這個轟動性的新聞一公佈，愛因斯坦一下子成了舉世聞名的人物。倫敦《泰晤士報》用大標題來評論愛因斯坦的理論：「科學革命——宇宙新理論——牛頓理論大崩潰」。這是愛因斯坦最輝煌的一刻。

愛因斯坦的引力的解說，具有一定的科學道理，但是還是沒有觸及到引力的本質，引力與加速度等效，僅僅是一種現象，等效並不等於本質，時空彎曲只能說明行星繞恒星運動規律的一種原因，時空彎曲說明不了人和物體穩定站在地面上的原因。人能夠穩定站在地面上，蘋果從樹上掉下來，是引力的作用，而不是時空彎曲的作用。時空彎曲是宏觀的現象，對於一個人或者更小的物體蘋果，不可能產生巨大的時空彎曲效應。稍有一點知識的人，都會知道我們站在地上的原因是引力作用，而不是時空彎曲作用。牛頓留給人們思考的引力之謎仍然沒有揭開。

所有的物質都具有引力，物質的品質決定了引力的大小，可以說品質是引力的主要因素。

物質是由原子構成，物質的品質就是組成該物質的原子數量的多少。追溯原子的歷史：——宇宙大爆炸在一定階段形成的——宇宙大爆炸是宇宙母親「懷孕」的「核」的「分娩」行為——「核」是陰陽對立轉化的產物——元氣疊加，「厚德載物」形成高密度的點，這個高密度點蘊含著物質因素，也就是原子的前身。原子不是憑空產生的，是以上一系列變化的因果關係。

再追根溯源至無中生有的歷史時期，可以瞭解原子是元氣的化身，附著原子身上的力是元氣向「核」流動所產生的動能，是「核」吸引周圍的元氣導致流動的動能，由此可以說「核」內動能所產生的力為吸引力。「核」的密度不斷增加，也就是吸引力的不斷積累。

「核」內的能量越聚越多，達到它所承受的臨界值時，發生爆炸，那就是宇宙大爆炸。吸引力首先釋放出來，成為引力，強大的引力可以轉化成基本粒子（科學家已經在實驗室裡證實了這個轉化），在一定的條件下，基本粒子聚合反應形成了原子核，原子核與電子結合，形成了原子。這個過程就是無中生有的自然過程，整個過程都離不開引力，每一個原子都蘊含著一定量的引力。科學家發現宇宙中存在著四種力：引力、電磁力、強力、弱力，都是元氣的產物，都是吸引力作用的結果，在原子核內衍生了強力與弱力，原子核捕捉了相應的電子，附帶了電磁力。

原子非常微小，它蘊含的引力也極其微弱，但是物體是數量龐大的原子組成，品質龐大引力也強大，它們成正比關係。可想而知地球的引力多麼強大。人穩定地站立在地上，蘋果熟了掉下

來，都是引力的直接作用。

太陽的品質是地球的三十幾萬倍，引力更是巨大了，它的勢力範圍布滿布滿整個太陽系，致使時空彎曲，行星在彎曲的時空運行，其實都是引力的作用。

星際物質都具有引力，品質越大，引力越強，引力在太空中傳播，形成一個引力場，這個引力場不是憑空傳播的，一定要通過某種媒介才能夠把引力網撒出去。比如熱量的傳播，有三種方式：傳導、對流和輻射。熱量從高溫物體傳導較低溫度的物體，中間一定要有媒介物，固體、氣體、液體都具有傳導熱量的媒介作用，真空就起不到傳導作用。引力的傳播，也同樣要通過媒介，使牛頓迷惑不解的媒介是什麼東西呢？

在以往的科學儀器和探測方式，是無法探測到這種媒介的，因為它不屬於物質，也不是能量，所謂暗物質、暗能量，更不著邊際了。

不妨回顧宇宙歷史，宇宙實體不是死水一潭，而是充滿生氣，具有丹田之氣，即元氣。元氣無所不在，充盈宇宙實體，構成物質宇宙的整體。「厚德載物」，元氣與引力本來就是同根同源的，它們本來就是一體的「血肉關係」，相互依存相互作用，互為媒介，這是基本的自然現象。

幾個世紀前的科學家一直認為宇宙中充滿著乙太，是光傳播的媒介，後來被愛因斯坦否定，宇宙中不存在乙太這種虛無的東西。可是，宇宙不可能回溯到空空如也的第一層面的歷史時期，尤其是物質宇宙，更加不會空空如也，空間必然充盈著「東西」

——元氣。所謂的暗物質、暗能量，其實就是充盈著整個宇宙的元氣，也就是引力的媒介。

11・正反物質世界 [嘻綠]

時間線索：存在於史前，發生於140億年前的宇宙大爆炸，認識於20世紀。

在物質宇宙的歷史上，有一場基本粒子生死存亡的大決鬥，最終奠定整個物質宇宙的性別。

宇宙歷史從第一層面過度到第二層面的無中生有機制中，物質是從最原始的「有」「無」（陰陽）同性相斥轉換而萌芽的。它們雖然相輔相成，正反對立統一，但是它們永遠不共載天，有你沒有我，處於生死存亡的鬥爭狀態。

我們這個物質宇宙的前期歷史是充滿著正反粒子對立鬥爭的「拼殺」史，可以說物質世界是在正反對立自相殘殺中誕生的。

初始的物質——基本粒子是在高達億萬度高溫中熬煉出來的。宇宙大爆炸開天闢地瞬間，物質的基本粒子紛紛蹦出來，這些基本粒子是陰陽對立的產物，有正有反，正粒子反粒子成對出世，正反陣營不共戴天，水火不容，一出世就自相殘殺，瞬間拼殺得無一倖免，全部湮滅。在高溫下引力使它們死而復生，又開始新一輪的拼殺，直至全部湮滅，這樣循環往復。隨著宇宙的擴

大，溫度逐漸下降，基本粒子越來越多，它們的品質有輕有重，輕的叫輕子，如電子、中微子等；重的叫強子，如質子、中子等，它們還是改不了好鬥的本性，視對方為不共戴天的異類，繼續自相殘殺。

正反粒子的拼鬥，都在概率的控制之下，雙方的力量勢均力敵，不分上下。可是，概率有天生的「弱點」，無法控制局部過程中出現不均衡偏差（無中生有章節裡闡述），在兩軍對壘時，這種偏差可以決定一方的成敗。據科學家統計，其概率為10億分之一，這個偏差雖然極其微小，也起著舉足輕重的作用，最後一根稻草壓垮了對方。

宇宙大爆炸事件中，正方粒子獲勝，繁衍出大量的「正子孫」，才有今天的正物質宇宙，也就是我們人類所在的這個物質宇宙。至於對方的反物質，在宇宙中是否存在殘兵敗將，科學家用先進儀器尋尋覓覓，至今杳無音訊，不過，也不是一無所獲，他們在實驗室裡制出了一些反粒子，證明瞭反粒子之說並不是空穴來風。

物質都是由微觀的基本粒子構成的，質子和中子構成原子核，原子核週邊有不同數量的電子，構成原子，原子是物質的基本成分。上帝造物是通過陰陽機制自然形成，由於概率使然，物質有陰性和陽性的區別，也就是正反區別。

所謂正物質，簡單地說，就是其微觀結構原子是正的——原子核中的質子帶正電荷，中子是中性的，週邊的電子是負電荷的。這樣的正原子構成的物質叫正物質，我們看到的所有東西都

是正物質。

有正必有反，反物質是什麼呢？簡單地說，反物質和正物質的區別，就是電荷相反，其他都一樣。以一個氫原子來說，正氫原子，其核有一個帶正電荷的質子（一般叫質子），週邊有一個電子（負電荷）；反氫原子，其核有一個帶負電荷的質子（叫負質子），週邊有一個帶正電荷的電子，其他性質都一樣。這兩種物質不能碰在一起，如果兩個正反氫原子碰在一起，就會發生毀滅性的爆炸，它們湮滅成純能量，據科學家估計，500克正反物質碰在一起，其爆炸威力相當於最大級別的氫彈爆炸。如果兩個正反小行星相撞，那就比超新星爆炸還要厲害不知多少倍，恐怕會把整個銀河系毀滅。

在我們這個物質宇宙中，有沒有反物質存在呢？科學家用最精密的儀器探測宇宙空間的各個角角落落，至今沒有發現反物質。科學家還在繼續尋找，最近中國和義大利在西藏海拔4033米的羊八井地區，建成世界第一個一萬平方米「地毯」式粒子探測陣列實驗站，用以接收來自宇宙的高能射線和反物質粒子。但迄今為止，科學家們都未能找到反物質的蹤跡。

反物質並不是空穴來風，反物質概念是英國物理學家保羅‧狄拉克最早提出了的。他在1928年預言，每一種粒子都應該有一個與之相對反粒子，例如反電子，其品質與電子完全相同。1955年歐洲核子研究中心的科學家在實驗室中製造出世界第一批反物質——反氫原子，但只能存在幾個微秒的時間，就與周圍環境中的正氫原子相碰並湮滅。現在科學家在實驗室裡制造反粒子、反

氫原子已是家常便飯了。

　　事物都有正反兩面，這是原始的自然規律，所謂原始就是宇宙（實體）的本質，陰陽正反對立統一規律。宇宙無中生有誕生物質宇宙，就是這種原始自然規律。由於概率的控制下，正事物和反事物呈現的概率大致相等，概率的「弱點」又使正反不會絕對象對象等，由於宇宙母親「懷胎」有正物質的，也有反物質的。我們這個物質宇宙是正物質的，也是理所當然的事。

　　宇宙大爆炸初期，科學家用高能粒子對撞機觀察，發現粒子在超高溫下正反粒子相互火拼，湮滅又火拼，一直到溫度降低至粒子「脾氣」溫和為止。其中正粒子取勝，稍微多於反粒子。反粒子基本拚命殺殆盡，可能也有為數不多的漏網之魚。為什麼會正粒子取勝呢？這裡不是概率原因，概率在早期就決定了勝負，即宇宙「懷胎」已經決定了正反性質。

　　由此我們可以猜想，宇宙母親兒女成群，子孫滿堂，除我們這個正物質宇宙外，還有別的反物質宇宙，它們之間相隔幾十個或幾百個宇宙距離，它們會不會碰頭，那只有天知道了。

　　我們這個正物質宇宙，雖然絕大多數是正物質，但是也有漏網之魚，那不過也是小小的反粒子，成不了氣候，絕對不會危及星系安全。科學家觀察到不少所謂反粒子，那都不是天生的，而是次生的，它們很快就會湮滅掉。宇宙中絕對不會有星系那樣的反物質星系。據網上資料說，1997年4月，美國天文學家宣布宣布，他們利用伽馬射線探測衛星發現，在銀河系上方約3500光年處，有一個不斷噴射反物質的反物質源，它噴射出的反物質形成

高達2940光年的「反物質噴泉」，這完全是誤判，不可相信。因為宇宙母親是在自然規律下創造一切的，凡是違背自然規律的事物，都是不和諧的行為，必然被淘汰。

正物質宇宙與反物質宇宙，它們絕對是相互對立的，如果那一天某一個正物質宇宙與某一個反物質宇宙偶然相遇，其爆炸的威力真的要捅破天了。好在這種「捅破天」的事件不會發生，因為宇宙無窮大，物質宇宙之間的距離之大，是人們無法想像的，兩者安然相處，不相往來，這是上帝的安排，絕對可靠。

12・微觀世界的基本粒子

時間線索：源頭於史前，產生於140億年前的宇宙大爆炸，認識於20世紀初。

基本粒子是微觀世界的東西，任何歷史都由微觀因素起作用，一個國家的歷史離不開人民，每一個人相對國家而言，是微觀因素。世界通史，中國通史，都是以人為主體的歷史，微觀人的因素是歷史的主體。

宇宙通史中的人類，可以說是微觀因素了，放在最後一個章節闡述，這裡的微觀因素指物的基本粒子。

現代人探索微觀粒子，建立了量子力學。量子力學相當深奧，連量子力學大師波爾都沒有全部搞清楚它們的行為規則，他

說如果誰說全部搞懂了量子的行為，那他肯定還沒有入微觀世界的門。本書就不入這個門了，轉入另外一個門，那就是微觀粒子和物質宇宙的關係。入了這個門，就知道物質宇宙的起源，也可以說是歷史。

宇宙通史中的實在層面是微觀世界的起源時期，微觀粒子的來龍去脈與演變也就是實在層面的歷史，也是以後物質宇宙的歷史。此時還不存在時間這種概念，沒有時間的歷史是一段特殊的歷史，這裡稱其為虛歷史，無中生有是這段虛歷史的主線。

所謂無中生有，在人類的概念中，「有」和「無」是相對而言的。在宇宙的歷史上，只有一個「有」是絕對的，那就是宇宙存在，相對它空空如也而言，就有了「無」的概念。

實體是建立在「有」與「無」對立統一的基礎上的，「有」與「無」是一對矛盾，矛盾是一種變化的機制，是事物發展的源泉與動力，這是唯物辯證法的實質和核心，至於是唯物還是唯心，這裡不加討論，不過「物」的前身倒是矛盾促成的。

實體空空如也的存在，不會一成不變，更不會永遠不變，對立統一的「天條」絕對不允許任何不變，宇宙是一個對立統一的實體，變化是它固有的特性之一，存在與變化在邏輯上必然是「存在」在先，變化在後。期間相隔多久？這是一段虛無的歷史，混沌太虛的宇宙根本沒有時間這種東西。不妨看看科學家探索黑洞內部的狀況，其中美國物理學家惠勒提出的「量子泡沫」：沒有一樣東西是確切的，時間與空間如一團概率隨機的泡沫。混沌狀況的太虛宇宙也可以說是一團量子泡沫，無確切的時

間可言。

在自然界，事物的變化都是呈線性的，突然無緣無故中斷變化的情況是沒有的，宇宙變化也不例外，可以斷定存在瞬間變化（湧動）就啟動了，至今沒有中斷過。

在無中生有這一章節裡，闡述了變化過程，「元氣」是最早誕生出來的東西，它是宇宙浩然之氣，丹田之本，具有活力的源泉，體現宇宙高一級的氣質，也是以後萬物之靈氣，萬物之本，所謂萬物皆有靈，源頭就出於元氣。

「核」是元氣疊加積累的亞物質，它和物質宇宙中的原子核是同根同源的東西，難怪小小的原子核內蘊藏著如此巨大的能量。

「核」蘊含著微觀世界的一切東西，可以說它是微觀物質的母親，現在所謂基本粒子，都是從「核」中誕生出來的（這裡的核不是原子核的核）。

科學家發現的基本粒子一大串，有電子、中微子、光子、質子、中子等等，還有這些基本粒子組成的原子（化學意義上的元素），到目前為止，發現了118種元素。這些小東西都不是無緣無故產生的，它們都是上帝無中生有的產物，都是元氣的化身。當充盈均勻元氣的宇宙在某一處疊加時，哪怕是微弱的變化，它的元氣密度必然高於周圍的元氣，也意味著這一點具有一定的吸引了，即刻打破了元氣的均衡狀況，失去平衡的元氣攜帶一定的動能和熱量，一份一份地紛紛向高密度的元氣點集聚，每一份就是一個基本粒子的前身。每一份元氣集聚時，也攜帶著動能所產

生的微弱熱量，進入高密度元氣點。這個過程一發不可收拾，隨
著密度越來越高，反應也越來越強烈，吸引了更多的元氣，逐
漸變成一個高溫高密度的核。當這個「核」的密度達到一定值
（臨界值）時（具體資料在歷史書上可以忽略），它就發生大爆
炸——宇宙大爆炸，基本粒子在爆炸中紛紛亮相，成為宇宙舞臺
上的主角，演出一幕又一幕的物質大戲，一個宏偉壯麗的物質宇
宙誕生了。這就是科學家無法解釋的所謂「宇宙大爆炸以前的情
況」。

經典物理學認為光、電、熱等輻射都是連續性的波，量子力
學認為這些不但是波，還是粒子，所謂的波粒二象，能量是一份
一份的輻射的。這量子化為一份一份的能量根源，就是上面所描
述的那種情況，元氣以波的形式運動，其能量卻是一份一份的遞
送，這每一份就是一個基本量，粒子是基本量的載體。

基本粒子最基本（小）的東西是誇克（quark），是一種參
與強相互作用的基本粒子，也是構成物質的基本單元。誇克互相
結合，形成一種複合粒子，叫強子。強子中最穩定的是質子和
中子，它們是構成原子核的單元。由於一種叫「誇克禁閉」的現
象，誇克不能夠直接被觀測到，或是被分離出來，只能夠在強子
裡面找到。基於這個原因，我們對誇克的所知大都是間接的來自
對強子的觀測。

誇克的本質就是元氣，元氣以密集的形式化為誇克。元氣和
誇克一樣是探測不到的，只能間接地表現出來，我們可以從一個
人的健康狀況，看出其元氣的強弱，一個朝氣勃勃的年輕人和一

個暮氣沉沉的老年人，一目了然就可以看出誰元氣充足，誰元氣
衰弱。

　　元氣在物質宇宙中起著穩定作用，誇克在強子中起著穩定
作用，兩者的原理都是一樣，都是在宇宙歷史中起著至關重要
的作用。

13・湧現——我們由此而生

　　時間線索：這是一切物質誕生和變化的廣泛行為模式，認
識於20世紀，21世紀本書增加了新觀點。

　　「湧現」是一個很普通的動詞，在文學作品中，在媒體報
導中，在人們日常生活的語言中，經常會出現「湧現」的詞語，
常用於新鮮事物的出現，通常含有積極的意義，對社會起到向上
的效應，凡是有什麼新鮮事物在社會上流行，人們總喜歡用「湧
現」來形容。習以為常地運用，使人們模糊了它的深刻內涵，更
不會意識到它是誕生物質宇宙的一種最廣泛的模式。

　　宇宙歷史除實體外都是通過湧現的模式產生出來的，宇宙歷
史中的所有事件，不是突然一下子冒出來，其中必然有一個醞釀
階段，就如母親子宮內的胎兒，從受孕到分娩，醞釀十個月，才
有一個完整的嬰兒生出來。其中的過程是一系列微觀的量子化組
合，這一系列組合達到臨界質時，便湧現出一個完整的事物。

「湧現」現象有著豐富多樣的含義，目前至少有四個層面的意義。第一層面是簡單直接的實體層面，例如從微觀世界的量子效應湧現出來的宏觀現象，或者從分子結構中湧現出化學性質。人們生活在宏觀世界中，習以為常的宏觀物質，一切都在湧現中誕生。第二層面，自然界的生物進化，這是一個適應環境，基因突變的過程，每一次突變，都會湧現出一種或幾種新物種，世界上就有了豐富多彩的物種。第三層面，我們大腦中的「生成物」：感知、認識、意識等，是中樞神經複雜的網路系統對外界反應所湧現出的深不可測的奇妙現象。這種湧現在動物界也應該有，只不過「生成物」不同而已。第四層面，一切自然湧現的最終結果，或者說最初原因，是一個超自然之上，或者說隱匿于自然之外的某種神力。這一層面的東西在科學上無法驗證，所以稱它為形而上學的範疇，科學家一般都敬而遠之。

「湧現」有如此豐富的內涵，在具體細節變化上雖然很複雜，但是基本定義卻是很簡單。引用惠勒教授的話：「足夠多的基本元素聚積到一起，得到的總體要多於各個單元的簡單相加。例如，一塊由大量分子構成的材料，其材料有溫度、壓強等物理性質，而這些物理性質是單個分子不具有的。這塊材料可能是固體、液體或氣體，但單個的分子就沒有固態、液態或氣態的性質。」可見，事物在湧現前後，它們的性質全然不同，它不同於 $1+1=2$ 那種簡單、機械的相加，它不但有「1」的成分，而且還有「1」所不具備的高一級的氣質，湧現性質是對更高一級物質組織的表述。

　　湧現在各個科學領域中普遍存在，每個科學家在自己的研究領域中對湧現有著自己的定義。如物理學家說，湧現是時間不可逆轉的自然法則；生物學家認為，湧現是一系列的歷史事件；神經學家主要強調「從大腦中湧現出來的東西」；而工程師則定義湧現為：我們建立和創造的東西。然而，任何單個定義都不能真正概括湧現，只有把它們綜合起來，才能得到完整豐富的湧現概念。正如惠勒對湧現研究所總結的：「……所有時間、所有地點、所有的觀察——參與者共同彈奏著世界的樂章，儘管每人彈奏的只是一小段，但正是它們，共同創造和組成了這個包含時間空間和萬物的廣闊世界。」於是，我們因此而生。

　　它來自比特回顧一下物質宇宙起源的過程，宇宙物質都是以湧現的形式冒出來的，可以說湧現無所不在，沒有湧現，就沒有豐富炫麗的物質宇宙，至今宇宙還是空空如也，沉睡於虛無之中。

　　原始的實體宇宙，除了自身的存在外，就是絕對的虛無，空空如也，萬籟俱寂，一派平靜（這種原始狀態沒有時間概念，它的持續性只能用模糊概念，也許很漫長，也許一瞬間）。靠什麼元素使這一派平靜的原始宇宙湧現出物質因素的呢？惠勒有一句名言：「它來自比特」。比特是一個基本資訊元素，根據這個思想推斷，比特是所有存在的根本。這是一個非正統理論的思維，他聲稱：當我們看月亮、星系或一個原子時，它們的本質是儲存在它們裡面的資訊。這個比特的新思維把我們引入了資訊領域，啟發我們在資訊與物質之間尋找因果關係，走上一條探索物質宇宙起源的新途徑。

現代高科技的數位元技術，就是用最簡單的兩個元素（數位元）：0和1的組合來傳遞資訊的。單一的1、單一的0構成不了複雜的資訊，只有把它們以二進位組合成某種排列，0和1可以組合成無窮無盡的排列，因而也就湧現出無窮無盡的資訊。

資訊並不是什麼具體的東西，而是一種精神軟體，資訊表現的形式很多，幾乎布滿布滿宇宙，它與物質結合，就注入了活力，湧現出生機。比如電腦，如果沒有具有資訊的軟體，它就是一堆毫無用處的硬東西，硬體和軟體一結合，電腦由此而生，超人的能力湧現出來，電腦的生命來自比特，這是不容置疑的。資訊對於我們這些活生生的人也同樣具有千絲萬縷的生死關係，雖然這裡面蘊含著深奧的科學哲理，但是大家無需弄懂，也都明白這之間不可分割的關係，這也是不容置疑的。推而廣之，說一切東西都來自比特，比特是一切東西的根本，應該是不容置疑的吧。

物質的本質就是儲存在它們裡面的資訊，物質宇宙的生命（起源）來自比特，這種思維邏輯是一致的。但是，原始宇宙空空如也，哪兒來的比特呢？數位0和1是人輸入的資訊元素，原始宇宙有類似0和1的資訊元素嗎？

原始宇宙只有自身的存在和與之對立的虛無，這就是原始宇宙唯一的本質，「存在」和「虛無」這是原始宇宙的兩個大資訊，這兩個資訊是相互依存又相互對立，其內涵表現為「存在」排斥虛無，「虛無」排斥存在。然而，它們都無法排斥了對方，只能在不斷排斥中求得統一，於是就湧現出一系列資訊（因為一

開始湧現出來的東西不是實在的物質，所以只能稱其為資訊）。

最初的資訊（一個比特元素）湧現發生在太虛宇宙原始層面中某一混沌的瞬間，存在（陽）與虛無（陰）對立之勢很快就統一成「激盪湧動」之勢，打破了原始的平靜狀態，吐出第一口氣——元氣。由於概率機制起作用，在某一區域發生了陰陽失衡，湧現出第一個比特（「核」的形成中的「卵子」，或者形象地稱其為宇宙母親排出的「卵子」）。自從第一個比特嶄露頭角，給空空如也的宇宙注入「興奮劑」，宇宙就表現出勃勃生機。應該說，最初湧現出來的比特，帶有分水嶺性質的革命意義，是開天闢地的第一聲號角。

宇宙「棋局」的湧現原始宇宙的陰陽兩個基本元素就好比圍棋中的兩個基本元素——黑子和白子。圍棋的黑、白棋子，它們只是一堆普通的黑白小石子，裝在盒子裡，處於混沌狀態，永遠不會湧現出什麼有意義的東西。然而，棋手在對弈中，它們在棋盤上獲得了「氣」，才體現出自己的價值，對立的黑白棋子在棋盤上相互作用，湧現出各自的「活眼」，統一為高級的有序狀態，湧現出精彩紛呈的棋局。這裡面沒有什麼新的物質產生出來，只是體現出人的智慧——一種精神層面的東西。這種高級的智慧是通過低級的黑白棋子，由簡單到複雜，從無序到有序，從對立到統一而湧現出來的。湧現前只是單一的黑白棋子，或者說是單一的比特（資訊元素）；湧現後是資訊元素組合的棋局。前者是無意義的東西；後者體現出人的智慧。湧現前後的事物性質迥然不同。

原始宇宙這盤「棋局」，只具備陰陽兩個資訊元素，就如圍棋中黑白對立的棋子，這兩個單獨的元素中都沒有「氣」的性質，它們在相互自然「對弈」中，一種嶄新的東西湧現出來，那就是「元氣」，這個所謂的「元氣」並不是什麼物質，而是屬於精神層面的範疇，就如精彩紛呈的棋局體現的是人的精神力量。於是，整個宇宙上升為更高一級的狀態。湧現的魅力就在於綜合基本元素，衍生出高一級的東西。下圍棋湧現出高級局面，體現了人的智慧——精神的表現；宇宙這盤棋，湧現出來的高級局面，體現了自然規律的智慧，也是精神的表現。

湧現的魅力在於不斷升級的勢頭湧現對於原始的物質宇宙起源的作用，看起來屬於第四層面意義，其力量隱匿在自然之外，似乎有一個超自然的手在操縱，推出第一湧現。這個在自然之外的超自然的力量無非是神或者上帝。第一層面歷史的實體，其屬性是神或者上帝，它的力量無限大，雖然屬性是神，造物的力量卻不是神術（巫術），而是自然力量，湧現第一個元氣的是陰陽對立統一的自然法則，並非超自然力量。屬性為神的那個實體，對物質世界的任何事情，全部轉化為自然，任其自然規律發展。

湧現的魅力還表現在不斷升級的勢頭上。湧現不會讓宇宙永遠停留在「一團和氣」的元氣層面上，湧現之勢在精神變物質這條自然法則上勢不可擋，精神氣質的元氣必定會昇華至物質氣質。

充盈陰陽元氣的宇宙，雖然沒有實質性的物質，卻是一個醞釀物質的母性溫床——概率的「弱點」，它打破均勻狀態的陰

陽元氣（一團和氣）的平衡，使某一點（處）密度增強，宛如宇宙母親排出一個「卵」（這種原始的自然現象老子比喻為「玄牝之門」）。只要排出一個卵子，就會有生命的跡象湧現出來。（這裡所謂的生命，不是我們通常說的生物，而是孕育物質的能力。）這個「卵子」不是上帝注入的，而是自身陰陽對立的內在因素。前面已經闡述過這種陰陽對立如何湧現「實氣」和「虛氣」的原理，這兩種「氣」任意一個被疊加，就是「卵子」。卵子受精形成一個「核」，又體現了湧現的魅力：從一個單純的卵子變成一個具有高密度能量的核，這個核裡面蘊含著物質的一切基因。這是一個從簡單到複雜的過程，從沒有到有的演變。就如由大量分子構成的某種材料，這種材料具有溫度、壓強等物理性質，而這些性質單個分子是沒有的；這種材料可能是固體、液體或氣體，而單個分子就也沒有固體、液體或氣體性質。這種衍生出來的東西就是通過湧現管道問世的，宇宙萬物萬事由此而生。

14·薛定諤的貓

時間線索：認識于20世紀初。

這是一個微觀世界的故事，薛定諤的貓，反映了微觀世界「小東西」的詭異性。這種詭異行為，建構了宏觀世界。

微觀世界的「小東西」在宇宙歷史上起著決定性的作用，沒

有微觀世界裡的「小東西」，就沒有一切物質，也就沒有我們這個物質宇宙。

所謂「小東西」，就是那些行蹤不定，像幽靈般的基本粒子和基本粒子組合的原子等無形的東西。它們又是波又粒子，科學家稱其為波粒二重性。它們的行為十分詭異，再精密的儀器也無法測定它們的行蹤。在宏觀世界裡，能量、速度、時間、距離等資料，只要知道兩個資料，必然知道第三個資料，也就知道它的確切行蹤。比如一輛行駛的汽車，知道它的速度與行駛的時間，必然知道它行駛了多少距離，這輛汽車的行蹤是確定的。「小東西」就難侍候了，它就像幽靈一樣，難以捉摸，你抓住它的一個「把柄」，「把柄」越準確，它就逃得越離譜，天涯海角都有可能，絕對測不到它的行蹤，科學家無奈地下了一個定律，稱之為「測不准」原理，大白話就是「小東西」都是「吃不准」的東西。薛定諤搞了一個「波函數」來抓「小東西」，也只能憑概率來確定其行蹤。

這還不是最詭異，「小東西」有一種特性始終讓量子大師們疑惑不解，「小東西」不是東西，全部都是幽靈，只有人觀測到它時，才顯現出它確定的身分，它們竟然存在於人的主觀意識中。量子大師們出了一道測驗題：把一個微觀粒子（電子）放進一個密封的箱子內，然後將一塊隔板置放在箱子中間，把箱子分為左右箱室，問那個電子現在在哪個箱室內，經典的回答是，這個電子不是在左箱室就是在右箱室。錯！這是宏觀思維，不適應一切微觀的「小東西」。正確的回答是，在沒有打開箱子觀測到

這個電子之前，它什麼都不是，它在箱子的任何地方，換句話說，它以幽靈的形式布滿布滿了整個箱子，或者它根本就不存在，只有打開箱子，觀測到它，它瞬間就變成一個實在的電子。人們被這個看似荒謬的答案，搞得一頭霧水，難以接受。

一隻另類的貓為了突出「小東西」的荒謬性，量子理論大師薛定諤於1935年，別出心裁地推出了一個名噪一時的思想實驗：「薛定諤的貓」。這個實驗薛定諤將「小東西」升格為大家比較熟悉的「大東西」──貓，為的是讓人們更加直觀地想像「小東西」的特性荒謬到何等程度。

其實驗過程簡單地說是這樣的：把一隻貓關在一個封閉的鋼盒內，盒內有如下裝置：一個蓋革計數器、一小塊輻射物質、一個鐵錘、一瓶氫氰酸毒氣。輻射物質的衰變是不確定的，在同一時間內，它衰變或不衰變的幾率相等。實驗時間定為一小時，在這一小時內，輻射物質如果有一個原子衰變了，計數器就會記錄下來，並聯動鐵錘，把毒瓶敲碎，氫氰酸毒氣就會將貓毒死；反之，輻射物質沒有衰變，則貓就安然無恙。貓的死活幾率各為50%，絕對公平。

現在一小時過去了，有一個看似簡單的問題：在沒有觀察之前，盒內的貓是死了還是活著？按照人們通常的經驗，其答案肯定是這只貓不是死的就是活的。錯！量子力學說，在沒有觀察之前，任何肯定的回答都是錯的。

量子力學認為這只貓被一種量子態的死、活幽靈波纏繞著，它處於死貓和活貓疊加狀態之中（不要理解為那種半死不活的病

貓），它實際上是一種模糊不清的東西，一直到有意識的人觀察後，這只貓才有定論，如果看到的是一個生氣勃勃的貓，那個和它糾纏在一起的魔鬼幽靈波立刻崩潰消失；反之，看到的是一個死貓，那個和它糾纏在一起的生氣波幽靈立刻崩潰消失。然而，這兩個「魔鬼」與「天使」的波根本就不是截然分離的波，「魔鬼」與「天使」糾纏在一起，我中有你，你中有我。當人一觀察，它們竟然變成一個單一的波——「魔鬼」波或者「天使」波，這簡直是在變魔術。

你可以想像一下，在沒有觀察之前這是一隻什麼樣的貓啊，那兩種「魔鬼」與「天使」的合拼在一起的幽靈波不斷地折騰著貓，這只可憐的貓既是死的又是活的，或者它既不是死的，又不是活的，活貓和死貓混合于一身，成為一個死活摻雜的一起的幽靈貓。它處在地獄邊緣還是處在夢幻之中？是昏迷還是清醒。它有什麼感受，是痛苦還是舒服？或者什麼感受也沒有？隨你怎麼想像，也想不出這只貓的真實狀態，那只能說它是一隻另類的貓了。

這樣的思想實驗還有一種版本——薛定諤貓的女兒，貓的遭遇更加撲朔迷離了。

薛定諤貓生下了兩個小貓崽，它們成了量子科學的實驗品：兩只貓崽各關在一個盒子裡，每一個盒子裡都有一套毒瓶裝置，科學家稱之為魔鬼裝置，兩個盒子外面有一根細小的管道相連，管道中間有一個電子發生器，發射出來的一個電子它朝管道左邊去還是右邊去，其幾率各是50％，絕對沒有偏袒哪一方的人為因

素。發射出電子後，把連接的管道去掉（盒子上的連接管道的小孔自動關閉），此時電子處在哪一個盒子內誰都不知道。現在用火箭把兩個盒子分別發送到兩個星球上，遙遙相隔十萬八千里，此時兩只小貓崽的命運如何呢？

它們的情況要比它們的母親（第一個版本）複雜得多，可能有這樣幾種情況：1、在飛行過程中，一個盒子裡的貓處於即死又活動疊加狀態，另一隻貓活著，一切正常；2、在飛行過程中，一隻貓是死的，另一隻貓是活的，不過完全不清楚哪一隻貓在哪一個盒子裡；3、每一個盒子內都有一種量子魔鬼存在，它們主宰著貓的命運，使貓處在又死又活的疊加狀態中。你可能會想，其中總有一個貓崽是活著的，那就是一個完全不懂量子規律的門外漢，在沒有觀察之前，不能下任何肯定的結論。

現在派一個人到兩個星球中任意一個去執行觀察工作，觀察者打開小門瞅了一眼，這一眼不是簡單地看到貓崽是死是活，而是判決，判決了貓崽的死活。如果見到的是貓死了，證實電子進入了這個盒子，觸發了魔鬼裝置，毒死了貓，盒子裡面所有模糊因素全部消失；同時也證實另外一個星球上的盒子沒有進入電子，當然，貓是活的。

既然確定了兩只貓的死活，總可以理所當然地認為那只活著的貓在全部實驗過程中應該安然無恙，一點事也沒有，這是門外漢的觀點。那只活著的貓受的罪不比那個死貓少，在沒有觀察它的孿生夥伴之前，在實驗的全過程中，它同樣受到電子幽靈的騷擾，儘管實在的電子沒有進入它的盒子，另外那個盒子裡的電

子仍然可以通過超距離感應來糾纏它，使它也處於不死不活的疊加狀態中。由於觀察者觀察了它那遙遠的孿生同伴，那個騷擾它的幽靈才消失了，它才即刻從不死不活的疊加狀態的煉獄中解脫出來，成為一個名副其實名副其實的活貓。當然，情況也可能反過來。觀察了沒有電子進入的那個盒子，通過遙遠感應來騷擾貓的電子幽靈消失了，它才是一個實在的活貓。另外一個貓就倒楣了，電子與魔鬼裝置合謀，把貓**澈底澈底**殺死。

如果我們認為以上的實驗，僅僅是人們主觀上的問題，實際上盒子裡面的情況早已經確定了，就是我們不知道而已，看了就知道這是真實的東西，這是理所當然的事，你那就是犯了以宏觀思維來猜度微觀世界的錯誤。其實，在人們沒有觀察之前，盒子裡面模糊不定的狀態是客觀存在的，這和人們經典的所謂常識、經驗格格不入。從這個角度來說，這個觀察者似乎掌握了生殺大權，決定一個貓的命運的同時又決定了另一個貓的命運，所以說觀察就等於判決。不過，這種生殺大權也不是毫無規律地濫用，如果你觀察了一千個或更多的這樣的實驗，判決每只貓的死活率各是一半，這並不是觀察者大公無私，而是量子幽靈的公平概率。

薛定諤貓的實驗當然不是真的拿貓來作實驗，而是一種思想實驗，以邏輯推理來證實自然規律的真偽，薛定諤貓的實驗的目的，好像是在證明量子理論的「荒謬」，其實不是荒謬而是佯謬，就是說看似荒謬的現象，其實是不然，那是一種人們不理解的假像，是一種真實性的非邏輯性，說得再明白點，對於微觀世界的「小東西」來說，是很正常的現象，根本就不是荒謬。它們

本來就不是宏觀世界所謂的正常東西，宏觀世界的所有東西，都是這些不正常的特性湧現成正常的東西。「湧現」這一章節可以理解「小東西」的行為：宏觀世界的一塊材料，具有硬度、剛性、溫度等物理性能，然而，構成這塊材料的原子完全沒有這些物理性能，其奧妙就是湧現在起作用。「小東西」通過湧現管道獲得了巨集觀世界的物理性能，將一切不正常行為「改邪歸正」，變成了正常的東西。人是宏觀世界的東西，思維也是宏觀的，只有量子力學的大師們試圖以微觀思維與「小東西」共舞，那種量子波動節奏，也僅僅是「小步舞曲」而已。

量子世界裡的那些「荒謬」怪異的事情，不是科幻故事，更不是神話，也不是那一位科學家拍腦袋說的，而是經過以玻爾為首的一批科學家反覆反覆研究、探索、實驗得出來的量子理論。量子世界中事物行為規律的標準解釋，其主要部分是由工作在丹麥首都哥本哈根的尼爾斯·玻爾發展的，因此也稱哥本哈根解釋。以後你一看到所謂的哥本哈根解釋的事情，那一定是說微觀世界裡的事情，那麼，你就必須放棄你固有的常識和經驗，與「幽靈」共舞，必定會體驗到一種從未有過的超然神祕感。

與「幽靈」共舞時，常會看到「波崩潰」這樣的奇怪現象，在量子力學中的術語為「波函數坍塌」，也有稱「波函數坍縮」、「波函數縮編」的，都是一個意思。波函數是薛定諤用來描述量子系統狀態的數學方程，可以告訴你電子位於某處的概率。所謂波函數坍塌，就是被觀察物件的波函數突然消失（崩潰），因而這個物體的真實性得到確定。我們所看到的那些實實

在在的東西，包括自己在內，都是波函數坍塌的結果，如果這個波函數幽靈沒有坍塌，也許我們都是和那只貓一樣的東西，被波函數控制下的不倫不類、不死不活、不三不四的幽靈。至於「坍塌」或「縮編」這個魔術是怎麼變的，科學家眾說紛紜，量子魔術家的高超手法奧妙無窮，猶如一潭深水，誰也測不出到底有多深。

量子「水」深不可測 量子世界裡的一些怪異行為雖然有哥本哈根解釋的支持，但也有一些科學家提出質疑，不支持某些觀點。愛因斯坦最討厭的是那個超距離的即時感應，兩個電子不論相隔多麼遙遠的距離，它們的幽靈糾纏在一起，一個波函數坍塌時，另一個也同時坍塌，愛因斯坦稱其為「幽靈般的超距離」，是違背物理原理的。這個物理原理就是相對論的基礎：光速是同樣的速度傳播，任何東西的傳播速度都不能超過光速。相對論不允許這種超距離作用的存在。

為了揭示這種非常識的量子行為，愛因斯坦與波多斯基、羅森三人於1935年共同發表了一個名為「EPR佯謬」的思想實驗。60年代中期，愛爾蘭物理學家約翰‧貝爾發現了一種實驗方法，能夠在實踐上證明「EPR佯謬」思想實驗的真偽，由於當時科學技術有限，還無法做這個實驗，一直到了80年代，工作在巴黎的艾斯派克特與其同事應用現代科學手段完成了這個實驗，不容置疑地證明：是愛因斯坦所謂的常識錯了，非局域性（非常識的因素）確實在支配著量子世界。

其實驗太專業化了，在這裡不作具體描述，不過，可以用

一個比喻來說明一個邏輯問題。貝爾的實驗方法（術語叫「貝爾不等式」）雖然測量的是一對光子的行為，但是跟粒子的性質和作用力的物理細節無關，而是注重於全部測量過程的邏輯規則上。舉一個關於邏輯性的例子：例如，常識的邏輯告訴我們，全世界十幾歲的總人數必定小於十幾歲的女人的人數加上所有年齡的男人的數目。就如1小於1+2這個邏輯在宏觀世界裡永遠不會顛倒的。而艾斯派克特的實驗結果發現光子的行為根本不按常理出牌，它們的行為不符合上述邏輯。貝爾不等式的違反（常識的邏輯），這意味著量子世界裡的「小東西」是由非局域性（非理性）的邏輯支配，根本就不按人們的常識邏輯行動。可惜愛因斯坦已經不在人世了，他不能看到這個科學論斷。但是，愛因斯坦的「上帝不擲骰子」論（確定論）與波爾的量子論之爭，論戰了十幾年，不管愛因斯坦怎麼千方百計地找量子論的毛病，波爾總是能圓滿解答，佔據上風，反而使量子理論越辯越深化，越辯越強大，這種以友好的方式，堅持自己的觀點，各抒己見的辯論，在當時成為佳話，至今還在傳頌。

哥本哈根解釋中最為奇怪，也是讓一些科學家難以接受的事情就是有意識的觀察者決定微觀世界事物的實在性（意識決定實在。注意，這和所謂的唯心主義不是一回事），甚至連宏觀層面的事物也不例外。在量子領域走得最遠的要算惠勒了，他指出，是有意識的觀察者，以我們自己的形式，使波函數發生坍塌，使得宇宙得以存在。根據這個觀點，宇宙中的萬物之所以存在，就是因為我們在觀察它們。這個近乎荒謬的觀點不要說我們這些普

通人不理解，就是愛因斯坦等一些著名的科學家也不支持。

科學家認為，我們周圍的世界是獨立存在的，物體如房子、桌子、椅子、原子、星球等等，不管我們觀察與否，它們都是在那裡存在著，並且有確定的狀態，愛因斯坦稱之為「客觀實體」，他風趣地指著月亮說，我們不看它，月亮照樣在那裡。

薛定諤是量子力學奠基人之一，他以戲劇性的手法藉助一隻貓來作實驗，在宏觀層面上來體現所謂量子疊加狀態，更加清楚地表達哥本哈根解釋。那個掌握生殺大權的有意識的觀察者決定了貓的命運。沒有這個觀察者的觀察，波函數的幽靈始終籠罩著整個盒子，盒子裡面所有的東西都處於疊加的模糊狀態，貓始終處於不死不活的疊加狀態中，只有當這個有意識的觀察者進去看一下，那個波函數幽靈魔術般地發生坍塌，盒子裡面一切事物也奇跡般地從疊加狀態中解脫出來，全部成為實在的東西。

這個實驗還具有另一層意義，它也更加清楚地突出了哥本哈根解釋的悖論性。

在物理學家看來，總覺得有一個毀滅性伴謬存在於哥本哈根解釋的深處，首先遇到的一個明顯的問題，如何定義「有意識的」觀察者。貓也是一個有意識的動物，應該知道自己的感受，是否吸入毒氣，是否難受，是否死去，它應該都感受得到，貓感受到自己的真實性和人往盒子裡看一下使波函數坍塌產生的真實性有什麼區別，老鼠、螞蟻、蟑螂能嗎？以什麼標準來劃分界限？如果把貓換成一個人，將人關在盒子裡來做這個實驗，不管有沒有另外一個人進行觀察，這個人肯定是自始至終都意識到自

己是死還是活，這就和量子力學相矛盾，因為量子力學堅持認為在盒子內的東西被觀察之前，那個人應該是處於死～活疊加狀態之中，然而，那個人肯定不知道死～活疊加是什麼滋味，也肯定看不到波函數坍塌魔術是怎麼變的，難道量子幽靈到人這裡就失效了嗎？

問題還不止這些，這裡面的「水」還深著呢。玻爾認為測量光子或電子等的行為，和整個檢測儀器設備分不開的，它們都是一個相互糾纏在一起的整體。這不難理解，因為這些設備也都是由原子、電子等構成的，當然也受量子因素影響。所以這些檢測系統也同樣處在各種疊加的模糊狀態中，要使這個系統（波函數坍塌）成為實在的狀態，又需要另外一套較大的檢測系統來觀察，而這個較大的檢測系統也不例外地受量子因素影響，它之外又必須一套更大的檢測系統進行觀察，如此不斷地往上一級追根溯源，這個多米諾骨牌效應追溯到什麼地方才是第一個觀察者呢？是人嗎？人也是原子分子構成的，難免量子幽靈的糾纏，也需要上一級的系統來觀察，所以也不是終結者，這樣不斷推理下去，觀察者系統的尺度變得越來越大，被作用的東西越來越多，最後只有整個宇宙才有幸成為第一個觀察者了。由於整個宇宙在觀察，宇宙的萬事萬物才坍塌為實在的東西。到此，似乎多米諾骨牌全部倒下了，哥本哈根解釋總算功德圓滿，再也沒有什麼可以說的了。有些宇宙物理學家如霍金等擔心，事情並沒有就此結束，這個理論後面還留了一個尾巴，宗教會抓住這個尾巴順勢而說，還有一個無形之手，推倒第一塊多米諾骨牌，那就是上帝，

凌凌駕於整個宇宙之上，她才是真正的終結者。

哥本哈根解釋的量子力學其科學性是不可否定的，但是其中的一些問題如波函數坍塌、疊加的糾纏狀態、不死不活貓、超距離幽靈作用等等，難以說清楚，尤其是涉及整個宇宙的量子論。從定義上講，沒有任何東西可以處在宇宙之外，來使整個宇宙崩潰成為具體的實在。在這一層意義上，宇宙似乎處於一種多種混合因素疊加的中間過渡狀態，如果沒有一個外在的東西觀察它，宇宙似乎就註定要這麼不死不活的延續下去，那麼，為什麼我們現在還是感覺到一個單一的、具體的實在宇宙呢？到底是誰觀察了它呢？一個無神論的科學家是無法回答這個問題的，除非另闢蹊徑。

有一個普林斯頓大學研究生休·艾弗雷特，他在1957年寫的博士論文中，大膽地設想了一個平行宇宙理論。（具體內容請看多重宇宙章節）

量子力學揭示了微觀世界「小東西」的詭異行為，正因為有了這些詭異的量子行為，才發展了現代科學，電腦、手機、衛星、GPS等等高科技成果，都少不了量子的功勞，如果沒有發現「小東西」的行為規律，可以說現代科學至少要倒退100年。

量子力學在某種意義上又證明瞭宇宙元氣的存在，「小東西」正是元氣的化身，元氣無處不在，作用一切，卻又難以探測到，它是波也是粒子（基本粒子），以詭異的行為組成物質，造就了萬事萬物。那只薛定諤的貓的詭異狀態，在宇宙（上帝）看來，完全是正常現象，人不就是最詭異的物質，尤其人的思維與

智慧，就是典型的量子行為。宇宙的實在性，和「小東西」類似，只有人（智慧生物）看到才確實了其固定的性質，宇宙何嘗不是如此。在人類出現前，它與量子一樣，是一個虛幻的幽靈而已。這個「幽靈」造就了人類，人類又造就了它。惠勒說，宇宙的存在，是因為我們注視的結果，倒是蠻有哲理的。

15 · 多重宇宙

時間線索：認識于20世紀初，科學與預言。

我們所在的這個物質宇宙不是宇宙母親的獨生子，她的兒女、子孫成群。這就是科學家斷言的多重宇宙——平行宇宙。

這些所謂的宇宙是無法觀測到的，一些物理學家批評平行宇宙理論是形而上學的東西。物理學和形而上學認識論基本分界線在於，該理論是否能通過實驗檢驗，而不是它看起來是否怪異，或者它包含著不可觀測的實體。其實這種分界線標準也不完全正確。回顧一下科學發展的歷史，以前認為是形而上學甚至荒謬的東西，隨著科學技術帶來的各種實驗突破，許多東西都被驗證了，如電磁場、量子躍遷、時間膨脹、空間彎曲、黑洞、引力波等。所以建立在現代物理基礎的多重宇宙模型也是可以被實驗證實，可以作出預言，可以被證偽。迄今為止，科學文獻中記載有4種類型的平行宇宙，科學家斷言，現在關鍵的問題不是多重宇

宙是否存在了，而是它們到底有多少個層次。聽起來極為誘人，不妨看看科學家怎麼展示的。

第一類型和諧宇宙

四百年前，義大利哲學家布魯諾就因為發表了天外有天的論調（那時候人們所認為的宇宙是以地球為中心以外的太陽系範圍），梵蒂岡教廷視為異端邪說而被綁在火刑柱上燒死。現在我們不用擔心火刑柱，可以大膽地想像宇宙空間，可以用現代科學技術來探索宇宙空間。

人類對宇宙的視界是在不斷擴大的，中世紀人們的視界僅僅是以地球為中心的裸眼可見的天體，20世紀早期人們的視界還沒有超過銀河系，隨著現代科學的發展，哈勃太空望遠鏡為我們展示了一幅宏偉廣袤壯麗的宇宙空間，人類的眼界大開，看到了許多前所未有的星系景象，綺麗壯觀，神奇無比。目光所及，可觀測到了宇宙的「邊緣」，也就是自宇宙大爆炸以來光所行進的距離──大約140億光年遠的地方，這也是目前人類看到宇宙的最遠視界。科學家計算了一下，可視的最遠距離為4×10^{26}米（這是一個天文數），以這個距離為半徑的球體，是我們可以觀測到的宇宙，也就是我們的宇宙，科學家稱其為「哈勃體積」。不過，那時宇宙學家看到的最遠天體，現在早已經不是140億光年了，因為宇宙的膨脹一刻也沒有停止過，那些所見天體跑得更遠了，估計是400億光年距離。我們的宇宙中的那些事物，恒星、行星、星系、類星體、超新

星、黑洞、蟲洞、反物質、暗能量等等，不管觀測到的還是沒有觀測到的，不管理解的還是暫時不理解的，這些資料大都在各類媒體上發表過，耳濡目染，人們都能說出一套一套的宇宙事物，似乎都成了業餘的宇宙學家，對自己所在的宇宙中的那些奇怪東西，已經見怪不怪，沒有強烈的新奇感了，人們更想知道天外的事情，俗語說山外有山，天外有天，天外的天到底是什麼模樣呢？有什麼讓人驚喜的新奇事？

說起來叫你難以置信，天外的那個天也有一個一模一樣的你，有同樣的外表、姓名、性格、記憶，也正在想同樣的事情：「天外的天到底是什麼模樣？有什麼讓人驚喜的新奇事？」老天爺也會製作「盜版」，而且是宇宙級的！那真是聞所未聞的新奇事物了。你不要認為這是科幻故事，或者是天方夜譚，這是完全是有證據的科學論斷，和前面說的平行宇宙一樣，這也是一種平行宇宙。前面說的平行宇宙和你近在咫尺，現在說的平行宇宙和你遠在天邊。據科學家計算，天外也有億萬星系，最近的一個星系中，其距離是$10^{10^{29}}$米，（這個數也可以這樣表示：$10^{1000000000000000000000000000000}$米），就有一個一模一樣的你，這僅僅是天外最近的一個星系，意味著比這個距離更遠的空間，還有無數個宇宙，都有一模一樣的你存在。天外有一個一模一樣的你存在就夠新奇的了，有無窮多個你存在豈止是新奇，那簡直是瘋狂。然而，這種觀點是有依據，請看科學家是怎麼論證的。

所謂「天外有天」，就是人類目前觀測不到的宇宙空間，也就是哈勃體積以外的宇宙空間，那裡也有物質存在。

　　我們的宇宙物質在空間的分布分布情況，科學家已經作過精確地觀測，結論是物質分布分布在大尺度上是足夠均勻的。宇宙物質在大尺度範圍的分布分布雖然是均勻的，但是在某些局部區域還是存在著一定的物質分布分布不均勻情況，破壞了這一區域的均衡性，引起了物質之間的波動，這些波動和引力相互促進，不斷加強，促使宇宙塵埃、氣體不斷大量聚集，從而形成星系、恒星、行星以及其他結構，構成像我們這個典型的宇宙體系（哈勃體積）。哈勃體積外的物質分布分布在大尺度上也應該是足夠均勻的，並且有著同樣的形成星系、恒星、行星的原理，同樣的生物進化過程，以此依據推斷，在哈勃體積以外的其他宇宙體系應該也和我們的宇宙一樣典型。

　　宇宙空間是無限大的，均勻分布分布的物質也是無限多的，兩個「無限」加在一起，新奇的事情就會層出不窮，即使是最不可能發生的事件也必然會發生在某處。為了容易理解這個看似瘋狂的觀點，舉一個生活中的事例來比擬：搓麻將這是大家常見的娛樂活動，玩牌時，四個人中每個人每副牌都不相同，這是再尋常不過的事情了。假如四個人在一副牌局中，每一個人第一手拿到的牌都是連號的清一色，就非常罕見了，如果連續兩次每一個人在同一牌局都拿到和上一副完全相同的清一色牌，這就更加極其罕見的事情了，說它是奇跡或者說是最不可能發生的事情，一點不為過。在現實生活中我也沒有聽到過更沒有見到過這種新奇的事情，還可以斷言，這四個人玩牌玩一輩子，出現上述奇跡的概率極其微小。然而，假設這四個人抱著愚公移山的精神，不但

自己天天玩牌不止,而且他們的子子孫孫繼承這種精神無限制地天天玩牌不止,那麼,出現上述奇跡的概率就大了,我們認為最不可能發生的事情必然會在某一天某一副牌局中發生。如果不僅僅是這四個人,而是四萬、四百萬人……如此玩牌,出現上述奇跡的概率更大了,如果有無限多的人,玩無限多次牌,出現上述奇跡的次數必然會無限多。這裡僅僅是144個麻將牌的概率組合問題,其實沒有什麼神祕可言。宇宙事物的組合當然要複雜得多,不但「牌」多,而且每張「牌」時刻在變動,有自然因素、量子因素、進化因素、偶然因素等等,參加組合的「牌」,其數量之龐大,形態之複雜,是難以估量的。但是它們再多再複雜也逃不出無限大和無限多這個「如來佛手掌」,不論它們怎麼千變萬化,萬變不離其宗,最終組合的事物也會有重複、相同的時候,就如有一模一樣的你出現那樣。現在你可以明白在無限多個宇宙中,必然會存在無限多個一模一樣的你的道理了吧。儘管現在不出現,將來哪一天必然會出現。

在無限大無限多的宇宙空間,存在無限多個和我們這個一模一樣的太陽系,無限多有人的星球,而且還有無限多個和我們這個地球情況一模一樣的星球,那裡有你我一樣外表、姓名、記憶的人,也有愛因斯坦、卓別林、孫中山、比爾·蓋茨等,也發生過第二次世界大戰、文化大革命、911事件等等,總而言之,地球上所發生過的一切事件,那些星球上也一絲不漏、分毫不差地發生過。不過它們離我們很遠很遠,最近一個星系(包含你我在其中)的距離也有 $10^{10^{29}}$ 米。在更遙遠的空間——$10^{10^{91}}$ 米以外,有

一個半徑100光年的區域，它那裡的一切與我們居住的空間完全相同，也就是說未來100年內，我們的所有經歷都會和我們的副本一致。（每一個宇宙中的我，都認為自己是正宗的我，其他都是副本。）

那些遙遙無際的星系的物理性質和我們的宇宙星系的物理性質沒有什麼差異，另一個我所在的宇宙和我現在所處的宇宙完全一致，相當和諧。我們根本分不清誰是「原版」，誰是「盜版」，可以說，在宇宙這個大家庭裡，大家都一律平等，沒有誰比誰更優越。

宇宙視界之外的物體雖然我們現在看不見，但是經過移動或等待若干時間後，我們通過更加先進的望遠鏡一定能看到，例如地平線之下的船隻，它是存在的，卻看不見，等到這只船航行過來，過了地平線，就漸漸看到它了。宇宙視界之外的東西也一樣，隨著更遠的光花更多的時間行進，就會不斷地把它們的身影移到我們的眼前，其中沒有什麼新東西冒出來，萬變不離其宗，全部是科學家熟悉的物理性能。因此，預言這樣遙遠的宇宙，科學家無需另外假設任何新的物理概念來考察它，只要求空間無限大就可以了，宇宙學家稱另一個你我所在的宇宙為和諧型宇宙。這些和諧宇宙有無限多個，科學家稱其為第一層多重宇宙。

這個第一層多重宇宙的推斷似乎很瘋狂，以我們的直覺來說，難以接受這種觀點，但是這個空間無限大的宇宙模型一點不怪，確實是最廣泛流行的一種觀念，與現在的所有觀測證據一致，而且被天文學家用作計算模擬宇宙的基礎。

第二類型泡沫宇宙

前面敘述過我們這個宇宙起源於一次大爆炸，這就是所謂的現在最流行的標準宇宙模型。這個大爆炸理論在創建過程中，並不是一帆風順的，遇到了許多疑難問題，如大爆炸最初到底發生了什麼？是無中生有嗎？超重粒子是什麼時期被創造出來？宇宙空間為什麼這樣平坦？宇宙空間溫度為什麼如此一致？是什麼機制促成宇宙結構的成長等？（這些問題專業性太強，深奧得很，在這裡不作詳細論述）。

在理論發展過程中的每一步往往都需要證據的支援，所謂證據，簡單的說就是觀測到的現象和資料要與理論相吻合，只要一個不相吻合，這個理論就不成立，更談不上發展。現在大爆炸理論遇到這麼多疑難問題得不到解釋，它的合理性地位可以說是岌岌可危。

20世紀70年代末發展起來的所謂暴漲理論，解了標準宇宙模型理論的危。暴漲理論一發表，宇宙疑雲頓時煙消雲散，暴漲過程一舉解決了所有這些疑難問題（檢測和預言完全一致），成為關於宇宙早期的最流行理論。

暴漲理論是由兩位元物理學家各自獨立創立的，他們是美國麻省理工學院物理學家阿倫・古思和俄羅斯物理學家安德列・林德。

古思認為，我們現在可見的宇宙大概是原始火球大爆炸中的一小片暴漲而成的產物（就如焰火中的一小片）。當時這一小片

東西的密度和溫度是均勻的，暴漲突然將這一小片均勻物質擴大了10^{50}倍，其速度遠遠超過了光速，所以今天的可見宇宙相當地均勻。這一小片暴漲成為一個氣泡，當這個氣泡膨脹至足夠大，便停止暴漲，逐漸演變成為我們的宇宙。

宇宙的總能量雖然等於零，但是，只要真空中偶爾有一個量子波動，這個區域的平衡狀態被打破，就可以在真空中無中生有地產生出來無窮個氣泡，每一個氣泡都是一個宇宙。正如古思所說的：「宇宙可以是一頓免費的午餐。」

俄羅斯物理學家安德列‧林德在當時的政府嚴格控制下研究早期宇宙暴漲理論。林德琢磨暴漲理論簡直著了魔，有一天深夜，為了不打擾妻子的睡眠，他躲在浴室裡在電話中與朋友討論暴漲理論中的一個關鍵問題，一個思路突然計上心頭，他一下子把話筒扔在一旁，也不管電話對方的朋友，跑進臥室搖醒了熟睡中的妻子，激動地大聲喊道：「親愛的，我猜到宇宙是從何來的啦！」林德的靈感來自汽水瓶內的氣泡，當打開汽水瓶蓋，瓶內的壓力突然釋放出來，瞬間所有的氣泡　　地響著噴湧而出，恰似真空中的能量變成億萬個小的能量氣泡。每一個能量氣泡就是一個小宇宙，其中一個小能量氣泡暴漲成為了我們今天的宇宙。其餘的能量氣泡，有的暴漲成為宇宙，有的由於某種未知因素起了作用，沒有成為宇宙。

於是演繹出五花八門的宇宙：一個暴漲中的泡沫會產生出其他暴漲泡沫，這些暴漲泡沫再產生更多的泡沫，從而形成無窮的連鎖反應，如此永不停止的成指數增長的連鎖反應，泡沫數量必

然是無窮多的,這就形成了無窮多個平行宇宙。

泡沫宇宙完全不同於第一類型的宇宙,第二類型多重宇宙比第一類型多重宇宙更為多樣化,也就是說第二類型宇宙有著五花八門的模樣。

第一類型的宇宙不論擴展多大,它們的模樣幾乎全是一模一樣,那麼,第二類型宇宙為什麼會長成五花八門的呢?說起來又要回到微觀世界裡,觀察那些基本粒子們的行為模式。

標準模式理論宇宙學家相信宇宙開始時是處於對稱的狀態,所有的力(引力、電磁力、強力、弱力)都抱成一團,統一為單一的力。這個超力的內部極其單純,不管從什麼方向看,內外都是一模一樣,也就是說它是相當對稱的。在科學家眼裡,宇宙對稱是完美的,但是沒有用,我們所知的生命不可能生存在這種完美的狀態。宇宙在擴展冷卻過程中,它的對稱性也在不斷地受到破壞,各種力逐步解脫出來。就如一個胚胎(初期是完全對稱的球體)的成長,長出了頭、腳,各種器官,它的對稱性破壞了,同時,生命跡象也呈現出來了(有用了)。

宇宙的對稱性受到破壞,隨著各種力的出現,各種基本粒子(誇克、電子、中子、質子等)也湧現出來,它們有著非常複雜的組合方式和對稱性,物理學家應用現代科學,對它們進行了反覆反覆細緻的探索研究,成功地把它們的這些複雜模式總結為一個理論——標準模式理論,其方程式是SU(3)xSU(2)xU(1),通俗點說,就是構成我們這個宇宙的基本粒子之間的相互關係,或者說是我們這個物質宇宙的密碼,也可以說這是我們

這個宇宙的基因DNA。應用這個方程，就可以知道我們的世界內部的規律，正如密西根大學的戈登‧凱恩教授說：「我們世界發生的一切（除去重力的影響），都是從標準模式粒子相互作用產生的……」。實驗證明，我們所觀測的精度可以達到一億分之一，那些組成宏觀物質的基本粒子的一舉一動，即使是一億分之一的變化，科學家都能察覺到，也能精確地預言其規律，可見標準模式理論是多麼的成功。

宇宙的基因在標準模式理論中有一個最簡單的對稱組合，物理學家稱其為**GUT**的東西，它對宇宙的性質起作至關重要的作用。舉一個形象化的例子來理解，把GUT比作一面完好鏡子，它的對稱性最簡單。如果將鏡子敲碎，它的對稱性變得複雜了，它反映出來許許多多的形象，每個形象都不同樣。所以，GUT對稱性破壞程度決定宇宙的模樣，我們的這個宇宙就是GUT對稱受到破壞，破碎鏡子中的某一小塊〔方程SU（3）xSU（2）xU（1）〕反映出來的宇宙，就是我們的宇宙模樣。這個方程有19個自由參數像拼圖板遊戲一樣，正好拼出我們這個世界。只要其中有一個參數發生細微的變化（超出一億分之一），我們這個宇宙就不是現在這個模樣了，人類賴以生存的地球不會形成，生命也不會存在。例如，核力（強力）強度（自由參數之一）減弱稍微一點點，星星就不能形成，宇宙就處在永久的黑暗中，當然，生命也不可能存在；如果核力太強，星星燃燒它的核燃料就會太快，沒有足夠的時間形成生命。

GUT對稱性是一個千變萬化的東西，它的對稱組合破碎的程

度不同，產生出來完全不同的宇宙粒子。有些宇宙中，質子可能是一些不穩定的傢伙，很快會衰變成反電子。質子在我們的宇宙中，是一種穩定的粒子，壽命非常長，也是構成原子最基本的成員，我們所見的物體所以那樣穩定，就是質子具有相當穩定性的緣故。如果某一個宇宙的質子都是一些短命鬼，莫要說生命，就是整個宇宙也是一團糟。

有些宇宙中的粒子極端穩定，質子長生不老，永不衰變，在這樣的宇宙中，可能存在大量的奇異化學元素。由這些奇異化學元素構成的生命比我們要更加複雜，因為更多的化學元素就可能創造更新奇的DNA的化學物質，也許會產生出三頭六臂那樣的怪物，或者我們根本沒有見到的物體。

有些宇宙可能連空間維度都不同。我們的宇宙維度是三維空間和一維時間，我們生活其中，可以上下左右前隨意延伸，四面八方自由擴展。別的宇宙的生物就沒有這樣幸運了，看看二維空間的宇宙，如果存在生物的話，這些生物就是完全平面的，就如紙上的畫。它們只能上下左右活動，永遠生活在平面上。最可憐的是，它們吃下的食物不能排泄出去，否則它們的身體就會一分為二，分離成兩個部分，除非它們有只進不出的特殊消化系統。還有四維、五維、六維……11維的宇宙，據有一種叫M－理論的說，宇宙空間不只是三維和二維，可以多達11維（包括時間在內）。我們為什麼看不見那些多出來的維度呢？M－理論說，我們這個宇宙在暴漲時，只展開了三個空間維一個時間維，其餘的維度都捲縮成非常小的球，其尺度大小是一個反過來的天文數，

莫要說肉眼，就是最現代化的儀器也看不見它。拿一個橘子來啟發我們的想像力，遠看橘子表面非常平整光滑，其體積就如三維空間；近看橘子，其表面上有許多小疙瘩，這就是捲縮的維度。難以想像這些捲縮的維度都展開了的宇宙是什麼模樣。

GUT對稱的破碎還會產生一種另類的光線，它的速度可能不是30萬千米／秒，也不是七種色彩組成，其頻率和我們的宇宙光頻率全然不同，用我們的儀器是完全觀測不到它的。也許那個宇宙上所有的物理常數都和我們的宇宙不同，這種奇怪的宇宙就是靠在你面前也看不到它，因為普通的光對它根本不起作用。只有生活在那個宇宙上的生物才能看見，它們本身就是這種光的產物。

把GUT比作為宇宙的DNA基因，倒是蠻恰當的。毫不奇怪，它那無限多種方式破壞對稱性，決定每個泡沫宇宙的基因，產生無限多個相應的完全不同的宇宙，其中有一個宇宙就是我們的這個宇宙，其基因就是SU（3）xSU（2）xU（1）。

巧合還是選擇美國麻省理工學院的物理學家阿倫‧古思的暴漲理論中，認為宇宙的原始火球爆炸，噴發出無窮多的小氣泡，它們以超光速暴漲，這些氣泡中，只要有一點量子波動，這個氣泡暴漲就會立即停止。我們的這個宇宙產生於某一個氣泡暴漲停止的那一特殊瞬間，宇宙學家計算出這一瞬間的區域是極微小的，稍微過一些（大一些）或者不到一些（小一些），產生出來的宇宙就不是我們的宇宙這個模樣。宇宙學家根據電磁力和強力的強度參數，繪製了一幅圖表，在廣闊的圖表範圍中，適應我們

的宇宙生存範圍，僅僅是一個微小的芝麻點。超過這個範圍，哪怕是一點點，電磁力和強力就變得可怕起來。例如，如果電磁力減弱4%，太陽就會瞬間爆炸。如果電磁力再強一點點，那麼原子就很不穩定了，整個宇宙就不可能有星球存在。反正這個「芝麻點」的其他範圍，都是災難性的領域，那個暴漲的泡沫正好在這個「芝麻點」上突然停下來，誕生了我們的宇宙，我們才以人類的姿態出現於地球上，那簡直太玄乎了！

有人說這是巧合，巧合往往會蒙上一層神祕的色彩，物理學家不喜歡沒有解釋的巧合，這就意味著還有合理的巧合，怎麼樣的巧合才是合理的呢？舉幾個例子來說明。

我旅遊住宿一個旅館，被分到一個房間，其門牌號碼是1935。我驚奇地發現，這數字正好是我出生的年份。在旅遊中遇到這種巧合的事情，當然會增添一份愉悅，讓我有些樂陶陶的滋味。後來我瞭解到這是一個規模相當大的旅館，有成百上千個房間，於是我認識到這麼多房間，其中有一間門牌數和自己的生日相同，這是一個很正常的巧合。如果我住進的是一個只有一個房間的小客棧，房間的門牌號碼正好是我的生日數字，這種巧合就沒有解釋了，往往會想到這是「天意」。

福利彩票中大獎的人，一夜致富，這應該是純粹的巧合吧。但是這種巧合是正常的，可以解釋的。這個大獎的號碼並沒有什麼特殊，是千千萬萬彩票號碼中的一個，每一個彩票號碼對抽獎的人來說，幾率都是一樣，而且，總有一個人會抓到這個大獎號碼。至於是誰中大獎，這裡面沒有什麼必然的聯繫，每個人的每

一份錢中大獎幾率都是均等的，這就是正常的巧合。如果這個大獎指定某一個具體的人比如一定是我中大獎，那就不是巧合了，那是天意；如果這個大獎號碼正好和你的身分證號碼一致，這種巧合就沒有解釋了，這種巧合就帶有神祕性，說它是天意或者是命中註定都不為過。

通過中大獎的號碼，你不用看別的彩票，都可以得出一個簡單正確的結論，即還有千千萬萬個不同的號碼存在，其中還有許多不同的獎勵。

我們的宇宙正好停在這個「芝麻點」上，這是一個可以解釋的巧合，就和中大獎的那個人一樣，他若不中，其他的某一個人也會中。我們的宇宙若沒有停在這個「芝麻點」上，其他的某個「泡沫」也會在這裡停下，並形成類似我們的宇宙。並且，還可以從這個可以解釋的巧合上推斷，另外有千千萬萬個宇宙泡沫存在，它們雖然沒有這樣「幸運」，但是都在所謂災難領域各得其所，形成各種不同的宇宙，我們這樣的宇宙，肯定也為數不少。這裡的所謂幸運，完全是人為的概念。對物而言，只要存在，都是「幸運」的。

在我們的宇宙中，我們的太陽系也有這種合理的巧合。科學家通過基本的物理計算，我們的太陽品質處在$1.6 \times 10^{30} \sim 2.4 \times 10^{30}$千克這樣一個狹窄範圍內，測量值正好是$2.0 \times 10^{30}$千克。太陽的這個品質，保證了地球上我們所知的生命存在。太陽品質稍微大或者小一點，地球上的氣候將比金星更熱，或者比火星更冷。乍看起來，太陽的這個品質值無疑是一種令人困惑的巧合，然而，當我

177

們瞭解到絕大多數恒星的品質分布分布於10^{29}x10^{32}千克的巨大範圍內，就能夠從旅館那個例子的經驗中，明白這種表面的巧合，實際上是一個大集合中的選擇效應：存在許多「太陽系」，其行星軌道有各種不同的分布分布，我們正好選擇了適於居住的太陽系。科學家和哲學家把這種選擇，稱為「人選原理」，似乎人類在宇宙中具有某種優越性。中世紀的人就是以這種優越性，誤把地球當著宇宙的中心。

我們的宇宙存在的巧合，可以間接地證明多重宇宙的存在。如果你住進一個只有一個房間的小客棧，其房間號碼正好是你的生日日期數，這種巧合幾乎是0。也就是說事物的數量越小，巧合性越少。

第三類型貼著身邊的宇宙

前兩個多重宇宙如此遙遠，現在描述的這一層多重宇宙可能就緊貼在我們身邊，那就是上一回所敘述的量子物理中的平行宇宙。微觀世界裡奇異的量子效應形成平行宇宙的前因後果，我們在這裡不再重複了。（在我的著作《宇宙猜想》裡述說過）

這一層的平行宇宙，聽起來似乎在講神話故事，在科學界對平行宇宙的存在性一度有過激烈的爭論。其中有一個大家都直觀明瞭的問題：這麼多的宇宙就圍繞我們的身邊，為什麼我們一點也沒有感覺到？曾經有人用無線電波和電視頻道比擬平行宇宙存在我們周圍，由於頻率不同，所以感覺不到它們。但是這種解釋僅僅是一種抽象的比方，沒有科學實驗的可操作性，講給一般

的老百姓聽，還能夠相信，對於科學家就沒有說服力了，不管用了。

1970年有一位名叫迪特爾·策的德國物理學家提出了一個叫做「去相干」（也有叫「退相干」）的方法，可以從科學的角度來說明這個問題。

我們聽到過關于薛定諤的那只不死不活的另類貓的故事，它存在的科學依據是量子特性中一個波函數的魔力作用。凡是波都有頻率特性，如果死貓的波函數頻率和活貓的波函數頻率振盪一致，這兩個波就會相互作用，沆瀣一氣，將貓變成一個不死不活的疊加狀態的另類貓。

在真實的世界裡，根本就不可能存在著這種另類貓，最直接的原因就是貓不論放置在什麼地方，都無法和周圍的環境分開。貓總會和空氣、盒子、宇宙射線等接觸，波函數一旦接觸到這些東西，不管它們多麼微小，都會迅速影響到波函數。波函數一旦受到干擾，它們的頻率振盪不再一致了，（聯想池塘的水波，在蕩漾開時，遇到水面上的漂浮物，其波形就會變化），突然分成兩個截然不同的波函數，失去了相互作用的效應，於是死貓和活貓的波函數永久分開，彼此不再溝通，這只貓的生死狀態一下子就涇渭分明了：不是死的就是活的，即使不打開盒子觀察也是如此。（符合現實狀態）

那種死貓的波函數與活貓的波函數完全同步地振盪，叫做「相干性」，波函數受到干擾而分開，不再同步、不再相互作用，叫做「去相干」。

科學家在實驗室裡想產生一致的相干物體振盪幾乎是不可能做到，哪怕是讓幾個原子相干振盪都十分困難，因為外界的干擾是無法消除的。因此，波函數的消失不需要通過難以說清的所謂意識，而是靠與外部世界的隨機相互作用。聯繫到那只薛定諤的另類貓，是死是活，也能夠說得清楚了。

迪特爾‧策的「去相干」理論，解決了波函數的疑難問題，聽起來似乎很滿意了，但是仍然沒有解決愛因斯坦的基本問題：這只貓總歸有一種狀態，不是死，就是活，自然界怎樣「選擇」貓的死活呢？這跟拋硬幣一樣，不是正面，就是反面，「隨機」怎麼選擇誰先誰後，是聽天由命嗎？

「去相干」理論只是說出這兩個波函數分開了，不再相互作用了，也就是說，貓不再是不死不活的另類型的了。但是這只貓的最終狀態是死的還是活的，總歸有一種選擇，「去相干」在自然選擇這個問題上無能為力了，確定不了這只貓在盒子裡，一定是什麼狀態，到底是死去了還是活著。科學家不相信聽天由命的說法，那麼，總要有一種合理的說法。

圓滿解決這個問題的是休‧埃費雷特平行宇宙理論。這個理論根本沒有波函數消失這回事，決定死貓的波函數和決定活貓的波函數都存在，不過這個貓分道揚鑣在兩個宇宙中。具體過程又牽扯到微觀世界的量子行為，事物在每一個量子選擇點上，都會大公無私地照顧到正反兩方面，不可能扔掉一方面不管，怎麼才能做到呢，唯一的可能就是將宇宙就分成兩半，一個宇宙中貓是死的，在另一個宇宙中貓是活的。別的事物也同樣如此：比如

我擲硬幣，在我這個宇宙中出現正面，在另外一個宇宙中出現方面，面面俱到，一個也不虧待。每一個宇宙都是真實的，但又是互不干擾的，所以相互之間都感覺不到。聽上去好像面面俱到，不虧待那一方，科學家買帳嗎？

一個新理論問世，引起一些爭論總是難免的。20世紀20年代中，發生過一場著名的夏普利·柯帝士爭論：宇宙中到底是有大量的星系還是只有一個？（在那時的標準來看，就相當於平行宇宙），現在看來這場爭論簡直有些幼稚，其答案連小學生都知道誰是誰非。反映了我們對擴展視界的本能抗拒。

第四類型數學構成的宇宙大廈

有許多科學理論問題的無止境爭論，以及更廣泛的關於平行宇宙課題的爭論，在一個更深刻的問題面前，這些爭論在某種意義上都只是冰山一角。這就是關於宇宙的物理實在和數學的地位問題。

我們對宇宙及其宇宙中的一切事物的認識，歸納起來不外乎兩種範疇：一種是主觀感覺上的認識，也可以說是對物理實在性的認識；另一種是從主觀認識上升至理論上的認識，也就是數學語言的概括。這兩種認識問題的方式本來都有道理，卻在學術界形成截然相反的觀點：一種認為主觀感覺上的是真實的物理，而數學語言描述的都不過是一種有用的近似。另一種觀點正好相反，數學語言描述的才是真實的，主觀感覺和所有人類語言描述的僅僅是有效的近似。這一認識類型分歧的形成可以追溯到柏拉

圖和亞裡斯多德時代，所以學術界把前一種說成是亞裡斯多德模型，後一種是柏拉圖模型。

我們的大多數人都是傾向於亞裡斯多德型的認識觀，因為從小就被灌輸了亞裡斯多德模型，那時我們還遠沒有接觸數學，這樣就形成了憑感覺來認識事物的習慣，認為感覺到的東西才是真實的，在一般的意義上來說，這也沒有什麼不對。但是隨著知識的增長，也學會應用數學語言來描述事物，比如用長度乘以寬度來代表面積，再乘以高度代表體積，用勾戈弦定律來解答直角三角形，用圓周率來描述圓，還有更複雜深奧的數學語言，這種柏拉圖觀點是後天培養出來的品位。

我們中的很多人都認為，數學就是我們在學校裡學的一堆用來玩弄數字的小技巧，這是我們不瞭解數學大廈深奧的結構。現代數學語言如此之抽象，已經沒有數字的份兒了，除一大串希臘字母外，還有許多怪異的名字，如歐本體、殺人場、向量場、運算元場等等，莫說理解，就是看一眼也會讓你暈頭轉向，稀裡糊塗，如入魔幻世界。

然而，據科學家說，這些千變萬化，讓人眼花繚亂的數學結構，都在「那裡」存在著，有些被數學家發現了，有些還沒有被數學家發現，從某種意義上來說，數學家發現了它們，而不是創造了它們，即使是外星人發現了它們，證明出來的定理都同樣成立（和人類證明的一樣）。

物理世界是一個實實在在的花花世界，每一個結構都對應一個數學方程。比如經典的三維物理空間和數學中的三維歐幾裡德

空間結構同等。前面我們已經瞭解了三個層次的宇宙，這些多重宇宙每一個都對應著某一個數學結構。我們的這個宇宙對應的是 SU（3）xSU（2）xU（1）這樣的數學結構，這裡面包含著所有基本粒子的各項特性，它們就像房屋的建築材料。拿一個最基本的鋼筋水泥材料來說，它是由鋼筋、水泥、黃沙、石子等材料按不同的比例構成，恰似基本粒子之間的物理關係，也就是數學結構，構成一座宏偉無比的宇宙大廈。

數學有著邏輯性很強的特性，還有一個特性就是民主性。所謂民主性，不論哪一種數學結構都一律平等，都存在「那裡」，都在相應的宇宙中起作用。

愛因斯坦曾經搞過一個宏偉的計畫：探索一個「大統一理論」（TOE）的東西，凌凌駕於所有數學結構之上，換句話說，一切數學結構都可以從這個理論推導出來，經過幾代科學家的努力探索，至今還未找到這個「皇冠」，也許它不符合「民主性」的原則吧。

說了這麼多的宇宙類型，總感覺到它們還沒有分清楚其屬性，上述的所有類型的宇宙的屬性都是物，說準確一些，它們都是物質世界，絕對不是宇宙，因為宇宙只有一個，而且是唯一的，其屬性是神。其他的都是她的兒女、子孫，屬於「凡夫俗子」。凡是物質的東西，都有邊界，物質世界也有邊界，因而有大小，不是無窮大。人們問宇宙有多大，問的是物質世界有多大，這個問題應該有解的，科學進一步發展了，可以講出具體資料；凡是物質都會存在生死存亡的宿命，物質世界也不例外，它

們不可能萬壽無疆。總有一天我們這個物質世界會消亡的，太陽系會消亡，科學家已經計算出大概時間了。人類是物質世界的瞬間過客，所有都是過眼雲煙，唯有宇宙長存。

16 · 六種類型的存在 🔲

> 時間線索：宇宙歷史是反映真實的事件與事物，認識於20世紀，21世紀本書增加新的觀點。

宇宙實體的兩個根本就是「存在」和「虛無」。「存在」的本質是神，所以它的屬性也是神。到了人類時期，「存在」這個詞語逐漸失去神的含義，變得非常普通平常，其概念也好理解，比如我面前的桌子椅子電腦，窗外鱗次櫛比的房屋，枝繁葉茂的樹林，來來往往的行人，天空的太陽月亮星星等等；我們沒有直接看到的東西，如深埋在地下的礦物、化石，生長在深海動植物，躲藏在原始森林的野人等等；還有那些我肉眼看不到的東西，如微觀世界的電子、原子等小東西，都是真實存在著的；這些東西不論我們看到還是沒有看到的，都是獨立存在著的，是通俗易懂的概念。大家對這種「存在」都不會有所異議。

且不談存在的本質（神）意義，世俗的存在含義也不是那麼簡單，它包涵的內容不只是物質的東西，物質世界僅僅是存在的一個層面，科學家認為，有四個不同的存在世界，每個世界都真

實地反映了一種不同的存在，它們是第一類存在：物質世界；第二類存在：意識世界；第三類存在：物理和生物的規律性世界；第四類存在：數學世界。

物質世界就是通常的物質和能量、力的物理世界。它又包含三個主要部分：無生命物體，包括自然生存的和人製造的東西；人類之外的生物（微生物、植物、昆蟲、動物等）；人類。

所有這些物件都是由同樣的物理材料（原子、分子）構成，雖然無生命物體和生物的結構差異很大，特別是具有獨特性質——自我意識的人類，在存在這個大家庭裡，都具有一律平等的真實性，而且在存在論上都具有基礎性質的真實性。

意識世界是一個抽象的存在，這裡指的通常是個人和集體的意識，它包含思想、感情、欲望和社會結構。這個世界不同於物質世界，它是通過人類思想和人類社會體現的，但是又離不開物質世界，它和物質世界有著密切的聯繫，有著相互作用的因果關係。

語言、文字、數學符號等是意識的一種具體的體現，人類用不同的方式來表達概念，無論用何種方式表達，表達出來的都是概念自身的實體。概念的存在有時候會和其他世界的實體很好地對應，但是有些概念不一定在實際的世界上真實存在。比如恐龍這個概念，在地球上曾經存在過，這個概念和實體能夠真實地對應起來；而龍（中國傳統形象的龍）的概念就和實體對應不起來，世界上沒有這種龍的動物，然而作為概念的龍卻存在於神話和各種媒體裡。世界上真實地存在著各種各樣的概念，月亮和神

話，銀河系和UFO，宗教和階級，電子和幽靈，麒麟和獅子，地獄和天堂，多得不勝枚舉，有的在物質世界中有其實體，有的是人類想像出來的，在物質世界中根本就不存在這種實體，作為概念，它們是同樣存在的。存在這種陳述是中性的，它不是一個裁判員，對理論的正確與否，對概念的實體是否真實存在，它決不發表誰是誰非的意見，一律包容。至於這些概念和理論所產生的因果效應，不論好壞，它也一概包容。人的欲望和感情會產生仇恨和瘋狂，會成為物質世界事件發生的原因，導致大規模的生命和財產的破壞，例如第二次世界大戰。也有文明的創建，使社會結構日益完善，管理日益合理。這些都會在物質世界的物質形狀上直接體現出來。

　　意識世界還應該包含人類以外的動物。人們常把意識作為人類獨有的專利，這應該是一種傲慢的偏見。動物的意識當然不同於人類的意識，靈長類動物的意識又不同於低級動物的意識。高級動物（比如黑猩猩）就不會沒有意識，因為它們有大腦，有它們的等級制度和社會規則，這些都是意識的反映。低級動物（比如蒼蠅）其本能就是一種意識，它們要生存要繁衍後代，沒有意識的動物是不能生存的。它們的意識不論簡單還是複雜，高級還是低級，都真實地存在著。為了生存、繁衍，適應環境，它們的意識必須與物質世界都有真實的對應，越是低級的動物，其意識對應率越高，它們決不會無謂地浪費自己的意識，去想像那些虛無浪漫的東西，有時它們翩翩起舞，目的（意識）是為了求偶，繁衍後代，因此，它們的意識與物質世界的因果關係更為密切，

更為真實。

物理和生物的規律性世界是潛藏在物質內部的一種規律。有非生物世界的規律，有生物世界的規律，但都是真實地存在著。由於非生物的規律和生物的規律非常不同，因此兩者之間的差異也很大。

非生物的規律也就是我們通常說的物理定律，這種存在給物質提供了嚴格的框架，限制了物質世界的運行邊界。它表述的是所有符合物質本質以及它們之間相互作用而可能發生的事情。這個世界描述了所有物質的物理性能和運動的形式，粒子、行星、蘋果，足球、汽車、飛機等運動，各有其自身不同的方式。如行星有繞恒星運行的固有軌道，蘋果樹上的蘋果熟透了，其運動方式一定是落向地面，而絕對不會飛向天空；足球被踢向空中，它一定是以拋物線的運動方式落向地面，這些都是非生物的物理規律，這些規律規定了物體的行為方式。

物理規律存在的世界，一般人是難以發現的，只有那些科學家根據物體表面的運動現象，進行反覆反覆地觀測分析試驗，才可能發現某些物理世界的規律，然後用文字元號表達出來，便成為該物體運動規律的定律。如牛頓發現的萬有引力定律和運動三大定律，開普勒的行星運動定律，麥克斯韋的電磁方程，愛因斯坦的相對論等等，這都是物理規律世界存在的證明。所有的事物都必須符合這些定律，你不能違背能量守恆定律製造永動機，不能以超光速運動，不能發明違背因果律的儀器，不能抗拒熱力學第二定律，等等。這個無形的條條框框，管束著物質的行為，限

定了它們的活動範圍，使整個世界有序地存在。

生物也存在著一個真實的規律世界。生物分成動物和植物兩大類，它們都在生物進化這個規律範圍內生存發展，進化規律是一條生物發展的必由之路，在這條路徑上，它們的組織結構通過基因突變不斷完善，適應環境，任何在此外的基因突變都必定會失敗。物競天擇是生物規律的嚴厲執法者，誰都逃避不了物競天擇的因果效應。達爾文的《進化論》，證明瞭這個「執法者」的存在。有人批判達爾文進化論的「物競天擇，優勝劣汰，弱肉強食，適者生存」的理論是19世紀英國人的政治哲學，助長了霸權主義、民族主義的氣焰，把希特勒屠殺猶太人的罪行也歸咎於達爾文的進化論。這完全無視自然規律的牽強附會。

生物在進化的規律中，有的被「執法者」淘汰，有的通過「執法者」的考驗，存在於現實的物質世界當中。存在下來的佼佼者，它們把進化的歷史資訊儲存在物質世界的物質層次結構（DNA的基因編碼）中，讀取了這些基因編碼資訊的物質，就會湧現出生物特有的組織結構和功能。這種回饋系統能夠有目的性地形成不同種類的生物及其複雜的特性。正是這種規律，區分了生物和非生物世界。

物理和生物規律性世界存在著兩種規律，一種蘊涵在物理定律之中，它控制著非生物的行為規範；一種蘊涵在生物資訊之中，它優化生物的結構，使其適應環境。

數學世界也是一個抽象的存在。這個世界由人類的探索發現，但是和人類的存在無關，也就是說它們是客觀存在著的。它

們不是物質的東西，沒有物質的形式，但是它們卻參與一切物理世界的活動，對物理世界產生因果效應。

我們在學校上數學課學到的一些數學概念，如有理數、無理數、零等並不是人類的什麼發明，而是通過數學研究發現的。例如圓周率是一種客觀的數學存在，早期人類還達不到發現它的知識水準，但它們都處於數學關係之中，人類在為生存不斷地與自然作鬥爭時，逐漸發現了某些數學關係。我國最早發現圓周率的人是三國時期的劉徽，他用割圓術將圓周率精確到小數點後3位 $\pi = 3.142$，南北朝的祖沖之在劉徽研究的基礎上，進一步研究計算，將圓周率精確到小數點後7位 $\pi = 3.1415926$，現在有高科技設備，可以將圓周率精確到小數點後幾千位。這些抽象的東西並不是地球的專利，而是普遍地存在於宇宙中，就是在仙女座星雲裡面的智慧生物，只要對數學進行研究，他們也能做出和地球上的人類所發現的那樣相同數學形式，同樣也能夠將圓周率精確至小數點後幾千位。可以說數學是放之四海皆通用的資訊。將來地球人類進行星際旅遊，若遇到外星人，他們之間必然會進行交流，交流的方式完全可以用數學資訊作為星際交流的基本語言。

數學世界比物理世界更基本，物理世界的物理定律都具有數學內稟屬性，都可以以數學形式來精確表述物理量的物理本質。例如基本粒子的行為，它們是一個難以捉摸的群體，所謂測不准原理，就是形容它們那幽靈般的本性。然而不可思議的是，數學有精確描述粒子本性的能力，粒子的行為恰好可以用現代的數學物理方程描述，粒子物理模型那種複雜的數學，都在人類的智慧

下，一個一個地構建出來。科學家發現，宇宙中的基本粒子如電子，不論在我們這裡的，還是在仙女星座的，其性質都是一樣，因此，可以斷定，世界是構建在數學基礎之上的。

以上四種類型的存在是科學家認可的，下面有兩類存在，是否真實，人們還在爭論，科學家做了不是實驗，都沒有取得定論。這兩種類型的存在並非人們的臆想，更不是人們所說的迷信，有其深層次的內涵和依據。

第五類存在：靈魂世界

以上四種存在是科學家肯定的結論，打上正宗的印記。靈魂這個東西，其存在與否，在科學界沒有定論，還屬於「野路子」。不過，這也無關緊要，科學是在發展的，隨著人類的科技水準提高，認識也會修正的。

靈魂不僅僅是概念，它的存在和人類有著糾纏不休的不解之緣，具有相當悠久的歷史。古希臘的哲人柏拉圖把靈魂看作與肉身相分離而獨立存在的實體，靈魂不滅，靈魂可以轉世，可以輪迴。他的學生亞裡斯多德的靈魂觀和他的老師截然不同，強調靈魂不能獨立於軀體而存在，不能轉世和輪迴。

中國早在先秦時期的古人就對靈魂有了一定的認識，探索有關靈魂的祕密。許多文學作品、歷史書籍都有關於靈魂的記錄。民間關於靈魂的文化習俗更是深入人心，處處可見。中國的文化非常重視靈魂的價值，靈魂和人的品質、氣節聯繫在一起，所謂永垂不朽，贊頌的就是某人的靈魂；遺臭萬年，也是咒罵某人的

靈魂。

宗教更是滋長靈魂的土壤，雖然各教派對靈魂的說法不一，但都相信人死亡後生命轉化為不滅的靈魂，並受到善惡因果輪迴的報應。

現代人掌握了先進的科學知識，但靈魂觀念並沒有在科學界消失。靈魂的本質，或者說科學的含意，長期以來這是一個棘手的問題，神學家、哲學家一直在爭論精神與肉體的關係，靈魂是否永存，從來沒有得到一致的共識。直到今天，對靈魂的研究不再局限於「口頭官司」，總算進入科學的領域，用科學手段來研究這個幽靈。

為了證實靈魂的存在，醫生曾經對瀕臨死亡的人做過秤重量的實驗，記錄病人死亡前後哪一瞬間體重的變化，發現有人死後體重立即減少了21克，他們認為這個就是靈魂的重量，是以能量的形式離開了肉體，但是也有人死後體重沒有變化的事例。這種簡單的機械式的實驗，根本不能證實靈魂的存在與否。

將靈魂其納入精神範疇來研究，許多現象就能用科學的方法來說明。精神與大腦有著密切聯繫的，大腦是一部複雜的晶片電路機器，外界的資訊通過感官以電脈衝刺激腦細胞，經過一系列複雜的電化學網路作用，便形成某種興奮的意識，下達命令，使人體作出相應的反應，這便是精神變物質的活動。這活動有低級的本能反應，有高級的情感思維。科學家用先進的儀器可以測量到大腦的許多活動，也可以說是精神活動，這一切都離不開電子的神奇作用。電子是原子核的外層機制，它起作傳遞資訊、隨機

應變、平衡能量、改變物質性質的作用。這種機制在大腦裡，就是將外界的資訊，以能量的形式轉化為精神，應該說，精神和能量也是分不開的。

一些走在世界科學前沿的科學家們，用尖端科學實驗來探索靈魂的奧秘。比較有權威的論點是獲得諾貝爾醫學獎的英國科學家約翰・艾克理教授在獲獎論文中所說的：「神經細胞彼此之間有無形的溝通物質，這就是靈魂的構成。人體內蘊藏著一個非物質的思想與「識我」，它控制著大腦，就好比人腦指揮電腦，它使大腦內的腦神經細胞發動工作，這種非物質的"識我"，在肉體大腦死亡之後，仍然存在並仍能有生命活動形態，可以永生不滅。這種論點得到不少著名科學家的認同。這種所謂的「識我」，就是靈魂。

加拿大著名神經生理學潘菲特博士認為，人類並不僅是有物質的軀體，必然兼有無形的非物質靈魂。

美國精神病醫生陳勝英在進行催眠治療的許多案例中，發現一些患者在催眠過程中說出了前世的記憶，他堅信這就是靈魂生命輪迴的實證。

越來越多的案例證明，靈魂不僅僅是人類的一種意識，而把它當成純概念而存在。純概念是沒有對應實體的，就如過去象徵皇權的龍這個純概念的東西是沒有對應實體的。那麼，靈魂的對應物是什麼東西呢？它的性質又如何呢？光說它是非物質的東西，遠遠不夠，尤其是在人的生命結束以後，靈魂又是以什麼形式存在的，怎麼輪迴轉世的，更是說不清楚了。

　　無知不能否認存在，在宇宙中，人類無法理解的東西很多，但又確實存在，問題就是將這種存在歸納於什麼世界。

　　存在是一個囊括一切的大家庭，前面描述的四類世界都是存在的成員，靈魂屬於哪一類成員呢？

　　物質世界？靈魂雖然和物質有著密切的關係，但它完全不同於物質，是非物質的東西，顯然它不屬於物質世界的成員。

　　意識世界？靈魂和人類的意識有關，但它又不是純意識的東西。不過，也有不少人認為靈魂、幽靈、鬼怪等都是人們頭腦中的迷信思想，應該歸屬於人的意識世界內。迷信當然是人的意識，其對應物是子虛烏有的，而靈魂的實質絕對不是迷信，它有附屬於人類意識到一面，又有獨立於意識之外而存在的一面，顯然它不屬於意識世界的成員。

　　物理和生物的規律性世界？靈魂不是物質的東西，所以也不受物理規律的管束。科學家發現的物理定律很多，從來沒有發現過靈魂的什麼物理定律。顯然它不屬於這個世界。

　　數學世界？數學是一個邏輯性很強的東西，確定性是它的根本原則，1+1＝2，絕對沒有含糊的餘地，即使是一個無理數，它也有確定的數系，不容半點模棱兩可。靈魂本身就是一個捉摸不定、變化無常的幽靈，可以說它和數學渾身不搭界，因此它也不屬於數學世界的成員。

　　靈魂是超出這四類存在之外的存在。所以說它存在，其根本的因素是它和有生命的人共為一體過，它帶有人類的印記。雖然人的肉體消亡了，但作為曾經構成人體的物質沒有消失（物質

不滅），轉換成另一種形式的物質，這些物質又和一般的物質不同，附屬在這些物質上人的印記仍然存在，這些帶有人的印記的原子、分子游離在宇宙中，有些又返回了人間，出現一些人類認為神奇的現象，這就是靈魂效應。正如德國著名哲學家叔本華所說：「死為物質生命的最後，而不是自己存在的最後。」

帶有人類印記的物質，是一種特殊的物質——帶有人類印記的基本粒子——附有靈魂的粒子，在存在的大家庭裡應該有其獨立戶口，我們稱它為第五類存在。

第六類存在——宇宙的靈氣

這個靈氣和第五類存在的靈魂有著本質上的區別。第五類存在的靈魂只附屬在人的身上，第六類存在的靈氣附屬在所有物質上。萬物皆有靈氣，這不是一句文學式的浪漫表達，這是真理。所謂靈氣，可以理解為一種精神之氣勢，或者充盈宇宙的元氣，它類似於能量，蘊涵在物質之中。能量可以產生動力作用物質，精神也可以產生動力影響物質，只是兩者的形式不同而已。

萬物分層次，不同層次的物，蘊涵不同形式的靈氣。生物層次的靈氣比較好理解，生命和靈氣就是不可分割、相互依存的關係。尤其是人類的靈氣，也可以理解為精神或靈魂，一個人的精神狀態從表面就可以看出來，那就是靈氣的反映，這是不言而喻的事實。除人類以外的動物的靈氣如何理解呢？且不說靈長類高級動物，看看那些低級動物如蒼蠅、蚯蚓、細菌等等，它們能夠在這個世界上生存下來，就是靈氣的作用，它們具有資訊交流機

制，學習改進機制，適應環境機制。這些機制與其說是本能，還不如說是靈氣更為貼切，更直接。靈氣比意識更高一級。

植物有靈氣，也是同樣的道理，只是和動物的靈氣形式不同而已。看看那種類繁多的植物和它們那特有的生存方式，就可以悟出其中的共同奧秘，它們會適應環境、繁殖、演變、進化，甚至還會偽裝，這是一種生存法則，沒有內在的應變能力是絕對做不到的，那就是生命中的靈氣在起作用，是靈氣使它們具有靈敏的感覺，機動的變化來適應環境，求得生存發展。達爾文的進化論揭示了地球上生物繁多的奧秘，那僅僅是事物的表象表象，生物為什麼會自動進化來適應環境的變化，其內在因素就是靈氣的作用。

生物有沒有靈氣，只要比較一下活生生的生物和已經死亡去的生物狀態，如一株枝繁葉茂的樹和一株枝枯葉焦的樹，一眼就可以看出它們誰有靈氣誰靈氣已經殆盡。這也可以說是生物都具有靈氣的最直接明瞭的證明。

沒有生命的物體（比如石頭）有沒有靈氣呢？精神、靈氣是生命的體現，沒有生命哪有靈氣，似乎是沒有問題的。然而，我們別忘記精神效應是如何產生的，它是離不開電子、能量等機製作用的，無生命的物體也同樣有電子和能量變化活動，絕對沒有變化的物質，在物質宇宙中是沒有的，基本粒子的衰變與能級的**躍遷**，就是變化的一種形式。可以說這種電子、能量的變化活動是促成了無生命的物質演變為有生命的物質的一個重要因素。構成物質最基本的粒子中的原子核裡蘊藏著巨大的能量，是物質變

化的能源，是物質變化的「發動機」，所以說，物質的變化最終還是能量的作用。能量就是物質的「靈氣」。

宇宙實體的存在某一階段，即沒有物質，又沒有能量，它有沒有靈氣呢？如果以否定的思維來看這個問題，那麼，太虛宇宙將變成死水一潭，永遠不會產生任何物質，也就沒有我們現在的物質宇宙。肯定的思維是一種積極的思維方法，我們所見的日常現象，蘊含著宇宙最本質的機理，那就是無所不在的靈氣（元氣），而且會感悟到元氣的神奇作用，致使萬物變化無窮，生機勃勃，豐富多彩。這個反映本質的客觀事實有著深遠的淵源，它的源頭就是實體宇宙。

沒有任何物質空空如也的宇宙，那種以物質內在機制產生的靈氣是不會有的，那麼什麼機制能產生宇宙的靈氣呢？唯一可以想像的，只有在充盈曠宇的「元氣」上做文章。充盈整個宇宙的元氣不但具有「勢能」的性質，更重要的是體現著「存在」的精神層次一面，也就是宇宙的靈氣。

這個宇宙的「元氣」和人的元氣、朝氣等的「氣」是在同一個「精神」層面上的。人的精神之氣，主要是大腦與外界資訊之間的一系列複雜機制所產生的，而人卻是從無生命的物質演變進化過來的，大腦是後來才形成的，這裡就有一個連續性的問題：這個精神之氣是一開始潛在著的，還是在某個環節時注入大腦的？前面講過任何物質都潛在著相應的精神之氣，不論怎麼變化，這種氣總是相輔相成形影不離的。可以想像，人的精神之氣必然是循序漸進過來的，否則就變無源之水了。

　　追根溯源，這個精神之「源」，最終還是要追到宇宙之「元氣」上。是這個「元氣」賦予的原始精神基因，世世代代遺傳下去，才有現在這樣生機勃勃，豐富多彩，的物質宇宙的模式。

　　「元氣」和「存在」幾乎是同時存在的，它體現了「存在」的精神層次一面，與「存在」相互依賴相互促成的關係上，構成不可分割的完美整體。就如人的神氣、朝氣、元氣、氣魄、氣質等等非物質的氣，體現人這個實體的精神層次一樣，構成完整的虛實一體，成為一個有思維有情感有創造能力的人。人沒有精神，不能算是一個完整的人，同樣，「存在」沒有「元氣」（精神），不能成為完整的「存在」。「存在」以「元氣」而體現出自身的實在，「元氣」賦予精神於「存在」，使「存在」具有一種內在的活力。

　　鴻蒙宇宙的「核」、「受精「、「胚胎」、「活力」、「氣」等以及一系列的變化效應，其機制只有一個，那就是「存在」與「空虛」的「姻緣」。宇宙一切的萬事萬物，都是這「姻緣」誕生、演變、進化、衍生出來的。九九歸一，概括這一切就是宇宙的靈氣──第六類存在。

17・宇宙的維度

　　時間線索：誕生於100～200億年前，認識於20世紀，21世紀本書有新觀點。

維度是一種抽象的時空座標的數目，宇宙實體空間與時間都是模糊不清的概念，所謂的上下、左右、前後都失去實際意義，在一片混沌中無維度可言。維度是隨著物質的誕生而有的，所以維度也是一種歷史，具有歷史的秉性。

物質宇宙本來是一個神奇的小不點，科學家稱其為「奇點」，宇宙大爆炸把奇點的「維度」展開了。這個維度一展開，必然是三維，不可能是一維或二維，試想一下，如果展開的是二維，這個二維東西，比如一張沒有厚度的紙，它存在於宇宙空間中，這個空間就是第三維。所以單純的二維，只是理想的存在，實際上是不存在的。霍金在他的著作《果殼中的宇宙》描述一隻生活在二維中的動物，要消化食物非常困難。如果它有一根穿透自身的腸子，它就把自己分離成兩部分，而這可憐的生靈就一分為二了。我們所以能夠生活在世上，就是第三維在起作用。

普通人所知道的維是三維加一維時間，即四維。所謂三維就是一維是線，二維是面，三維是立方體。也就是我們習以為常的長、寬、高，或者是前後、左右、上下。這個空間是我們能夠直觀感覺到的，可以用尺度來測量的，如果把時間考慮進去，那就是愛因斯坦相對論的時空。其實時間這個東西並不是摻和進去的，它就是三維空間的連續性，它的形狀就是三維空間本身的形狀。沒有時間三維空間即刻消失，所以時間也就是三維空間的壽命。一個肥皂泡，它是一個小三維體，幾秒鐘後它爆掉了，小三維體消失了。由這個現象可以知道，如果沒有「時間」摻和進去，我們這個三維的物質宇宙即刻化為泡影。應該理解，我們

這個世界是三維世界，一個都不能少。時間僅僅是三維的延續而已。

「四維」很好理解，連小學生都懂。可是科學家認為宇宙的維度沒有這麼簡單，那就意味四維以外還有其他的維存在。

科學家怎麼描述維外維呢？現代科學的弦理論學說，還存在著許多維沒有展開，它們都蜷縮在極小極小的空間裡，據說在宇宙大爆炸時，它們沒有來得及展開來，隨著宇宙溫度降低，它們就永遠凍結在微觀世界裡。這些沒有來得及展開的維竟然有7維，可能還要多。超弦理論計算，光憑我們所見的四維，那是遠遠不夠的，多餘的維度就應運而生。霍金探索他獨特的宇宙起源，在計算時也需要增添許多維才能完成其論理。至於有沒有那麼多維，至今沒有定論，還在研究探索中，那就讓科學家繼續研究吧。

四維以外的維是什麼形狀或性質呢？打開網頁搜索一下，五花八門的說法都有，不同的角度有不同的觀點，甚至認為還不止11維，18維，26維都有，竟然把引力、電磁力、能量等等都作為一種維，濫竽充數的也不少，在這裡我們就不管它們了。

簡單統一是自然最基本的規律，維度也不會違背這個基本規律，絕對不會有贅疣之維。三維已經包含了所有的空間，三維以外就如宇宙以外那樣不可思議，不符合邏輯。

時間是三維本身的延續，並沒有增加多餘的維，完全符合簡單法則。在三維以內的所有東西，千千萬萬都只是物，而不是維，如果這些東西也算維，那麼，維就多不勝數了，宇宙豈不亂

套了。

那麼，四維以外還有五、六、七……維嗎，當然有，不過那不是多餘的維，仍舊是三維本身，比如時間是三維的延續，是第四維。

時間是有指向的，古往今來是正指向，比如宇宙大爆炸誕生物質宇宙，其時間是正指向；反之為負指向，我們的地球時間是正指向，這應該是三維整體的一種正延續狀態，是三維的另外一種狀態，算第五維，它仍舊是三維的本身，沒有增加多餘的維。

再如我們這個物質宇宙，是一個實在層面的一個實體，它的對立面是虛，虛實是正反兩面的統一，我們這個三維空間是實體，是三維整體的又一種狀態，也算一個維──第六維，仍舊是三維本身。

以地球來說，三維空間是一個動態的空間──自轉算一維──第七維，還是三維本身；公轉算一維──第八維，仍然是三維本身等等。這完全是自然規則，即簡單又統一。

擴大至物質宇宙，它仍然在三維之中，三維的各種狀態同樣適用於它。

三維簡單的理解，就是一個包羅萬象的立體空間。就算超弦理論所說的，還有一些維蜷縮著沒有展開，那也是在三維之內，在三維之內的一切東西是物，不能算維。如果說這些蜷縮的維是某一種狀態，那充其量也是三維的狀態，三維仍然保持三維原來的本質。

18・人類與宇宙

> 時間線索：140億年前的宇宙大爆炸產生與生命有關的元素，700萬年前誕生了人類，5萬年前出現了現代人，21世紀本書有新觀點。

在宇宙的歷史中，人類是重要的一環，人類在宇宙中渺小得簡直可以忽略不計，然而人類靠著智慧變成一個具有強大能量和能力的特殊生物，現代人已經將目光掃遍了整個物質宇宙，宇宙的奧秘被科學家一個又一個的揭示出來，正因為人類對宇宙的探索，宇宙才被寫進科學課本中，成為具有實在意義的宇宙，宇宙那虛幻的歷史變成了實在的歷史。

人類在宇宙歷史中的地位僅次於上帝，上帝創造了萬物，人類除了不能造物以外，什麼都能做到，包括認識上帝，並且將上帝的本質昭示天下，在人們的心目中上帝昭然若揭——上帝就是自然，自然是上帝的行為，上帝從此從神壇降格為人人知曉的自然現象。現代人竟然提出天人合一的恢弘理論，欲與天公試比高。

人是天的一部分，天人合一也是理所當然的，那麼為什麼不說天牛合一，天馬合一，天狗合一呢，它們都是天的一部分啊。動物雖然有生命，它們的思維是被動的，是一種本能意識，本能

意識只能保證自身生理的需求，不能認識自然，更不能改造自然環境，它們雖然是自然的產物，只能被動地和自然融合在一起，只是一種生存的需要，它們的意識無法通天，天也就不能和它們合一。人的思想是主動的，有自由意識，有靈巧的智慧，可以認識自然規律，並且將自然規律發揚光大，改造自然，這就是「通天」的行為，天人合一也是很自然的事，人是唯一能夠天人合一的物種。人和自然融洽在一起，達到人和自然和諧，如此看來，宇宙自然是一個大天地，天人合一是一個小天地，人類豈能說是渺小！

人通天了，眼光觀測到物質宇宙的每個角落，瞭解了許多宇宙奧秘，人越來越理性對待自然，利用自然，始終保持和諧關係。

然而，人類認識自己卻是不足的。首先仍然不知道自己怎麼來的。孩子在幼年時期，會經常好奇地問母親，我是從哪裡生出來的，母親一般不會正面回答，往往用「你是從媽媽腋窩裡生出來的。」「你是從媽媽肚臍眼裡生出來的。」來搪塞。幼兒睜著大眼睛，一臉茫然。等孩子長大了，自然會明白自己是從母親哪裡生出來的。在這個問題上，人類和孩子一樣，也一直問老天，人類是怎麼來的，說明人類還是處在幼年時期。

人類的來源有兩個觀點一直備受關注，一個是宗教意義上的上帝創造了人，其主要出典是「聖經」，一個是科學意義是的上帝創造了人，其主要理論是達爾文的「進化論」，誰是誰非一直在爭論，說明人還沒有清楚地認識自己。

要問人類的起源，首先要搞清楚生命的起源，即使知道了生命的來源，離人類起源還遙遙無期，現在談人類起源，可以說人字還沒一撇。這「一撇」就是生命的開始。生命是什麼？有兩種含義，一種是非生物，它們的生命形式是被動的，僅僅是被動存在而已，由於內在的原子衰變，也存在生命（壽命）的極限，即便是一顆巨大的恒星，最終會演變成黑洞而消亡；還有一種是生物，它們的生命具有特殊的形式，其生命（壽命）不但顯示它的存在，還具有一種主動複製、進化、繁衍的能力，這種物質才是真正意義上的生命。

在宇宙中這種生物和非生物是否一開始就有的，這個命題有兩種觀點，其一，上帝先創造非生物，然後由非生物演變成生物；其二，上帝同時創造了這兩類物質。如果是前者，我們就要探討生命起源的問題，如果是後者，生命是上帝直接創造的，在宇宙中就存在著具有生命的東西，生命起源的問題就是上帝，無需探討下去了。

事實上人類探討生命起源的工程已經有悠久的歷史了，說明人類認同第一種可能——上帝創造非生物，生物是非生物自然演化成的。自然過程雖然在本質是也是上帝，但是先後不同，在這個前提下我們才能探討生物如何從非生物演化過來的，人字那「一撇」才能夠繼續寫下去。

目前科學家發現了118種元素，構成生命的基本元素：c、h、o、n、s、p即碳、氫、氧、氮、硫、磷，這些原本都是沒有生命

的東西，它們怎麼會湧現構成有生命的東西呢。生命是什麼？

生命的基本特徵

科學家總結出來有九大基本特徵，1，核酸、蛋白質。在發現核酸前，一般人都知道，蛋白質是生命的基礎，生命是蛋白質存在的形式，這種認識沒有什麼不對。但當生命科學發現核酸後，對生命有了進一步的認識，應該說最本質的生命物質是核酸，蛋白體是生命的基礎。按照現代生物學的觀點，蛋白體是包括核酸和蛋白質的生物大分子。核酸不但是一切生物細胞的基本成分，還對生物體的生長、發育、繁殖、遺傳及變異等重大生命現象起主宰作用。它在生物科學的地位，可用「沒有核酸就沒有生命」這句話來概括。

2，細胞。細胞是所有生物（包括動物、植物和微生物）的基本結構和功能單位，也就是說，這些有機體都是由細胞組成的。

3，新陳代謝。是生物體內全部有序化學變化的總稱，其中的化學變化一般都是在酶的催化作用下進行的。它包括物質代謝和能量代謝兩個方面。生物體與外界環境之間的物質和能量交換以及生物體內物質和能量的轉變過程叫做新陳代謝。

4，資訊傳遞。資訊廣泛存在於生態系統中，生物和外界的生態系統有著緊密的聯繫，生物通過發送、接收不同的資訊進行正常的生命活動；種群乃至生態系統都需經過資訊的傳遞保持恒定的水準，是維持機體生命活動的統一機制

5，生長與發育。生長就相當於分裂，發育就相當於分化，生物體由量變到質變的表現形式

6，生殖。生命現象無限延續的根本途徑

7，遺傳與變異。遺傳其實質則是由於親代所產生的配子，帶給子代按親代性狀進行發育的遺傳物質——基因。遺傳變異使遺傳有了新的內容，也使生物的漫長生命連續系統得以持續的發展、進化。沒有遺傳，不可能保持性狀和物種的相對穩定性；沒有變異，不會產生新的性狀，也就不可能有物種的進化和新品種的選育。

8，進化。生物進化是指一切生命形態發生、發展的演變過程。生物界的歷史發展表明，生物進化是從水生到陸生、從簡單到複雜、從低等到高等的過程，從中呈現出一種進步性發展的趨勢。也可以說是生命活動的全部歷史。

9，生物與環境的統一。生物與環境的相互關係，是一種協同關係，是生物與自然界的基本法則。

這些都是非常深奧尖端的生物科學，本書是歷史類的書籍，不可能深入研究生物科學，只能淺易地照本宣科。

宇宙起源與生命的關係

生命的起源與演化是和物質宇宙的起源與演化密切相關的。我們不妨追溯到宇宙大爆炸三分鐘後那個時間段，宇宙的溫度降至10億度，微觀粒子開始聚合反應，產生了原子核，原子核是由質子、中子組成，它們的多少決定了原子的性質，將來的生命因

素就蘊含在其中。現在看看宇宙中最多也是最基本的兩種原子核：兩個質子和兩個中子結合，形成氦原子核；質子本身單獨就是原子核，一個質子就是一個原子核，原子核形成是產生原子的前提條件，萬物在這個條件下才能逐步形成。

30萬年後，宇宙溫度和煦宜物，電子大批湧現出來，出現了原子核捕捉電子的壯觀景象。氦原子核捕捉到兩個電子，形成穩定的氦原子；質子捕捉到一個電子，形成了氫原子。這兩種原子數量龐大，是以後構成恒星的基本物質，也是以後形成生命的必不可少的物質。

在天體演變中，氦在紅巨星中聚合反應，生成新的原子——碳原子，碳原子是構成生命最重要的基本元素，應該說此時就萌生了生命的苗子。

氫原子是宇宙中最多的原子，占75%，它與氧結合形成水 H_2O，這是大家都知道的，沒有水就沒有生命。氫與碳組合，可以形成千萬種有機化合物，有機化合物是生命產生的物質基礎，所有的生命體都含有機化合物。這種自然變化逐步向生命靠攏。

這種元素的組合完全不是偶然的行為，而是有一定的內在規律性，其規律完全取決於原子核內的質子和中子的數量，質子的數量又取決於捕捉電子的多少，如氫原子核內只有一個質子，它的能量有限只能捕捉一個電子；氦原子核內有兩個質子，它們能量較高，能夠捕捉兩個電子。據科學家對原子的探索研究，電子圍繞原子核旋轉，其排列是有規律的，離原子核最近的一層是2個電子，其次是8個電子等等，這是原子的穩定狀態。氫原子核

外層只有一個電子，屬於不穩定狀態，其電子容易被別的原子搶去，所以電子數的多少取決原子的化合性能，比如氫和氧碰在一起，氧原子外層有6個電子，要達到穩定狀態8個電子，它必然要搶別的電子，氫原子最好搶，它搶了兩個氫原子的電子，於是它們就結合為H_2O水。碳原子的外層有4個電子，它的性質很奇妙，宛如千手觀音，和許多原子有著共用鍵的關係，這種「雙贏」的關係，使它能夠和許多原子化合成為千千萬萬種有機物。

這種規律就是自然規律，水和有機化合物是生命的基礎，生命就是這樣通過自然規律一步一步形成的。（自然規律是上帝的行為，所以也可以說上帝創造了生命）。

宇宙大爆炸產生物質很多，如碳、氫、氧、氮、磷、硫等都是來自「大爆炸」後演化出的元素，這些都是構成生命的基本元素。

這些本來沒有生命的元素怎麼會構成具有生命的物質（生物）呢？就以核酸為例，它也稱多聚核苷酸，是由許多個核苷酸聚合而成的生物大分子，核苷酸是由含氮的堿基、核糖或脫氧核糖、磷酸三種分子連接而成。看看其中核糖的分子式：脫氧核糖也屬於核糖，核糖是一種單糖，分子式$C_4H_9O_4CHO$，它是核糖核酸（RNA）的重要組成部分；脫氧核糖，分子式$C_5H_1OO_4$，它是~脫氧核糖核酸（DNA）的重要組成部分。RNA，DNA都有表達遺傳資訊功能，都具有重要的生命特徵。無生命的元素C、H、O，一組合就變成有生命的東西。（這是核糖的分子式）。只要看一看它們的電子分布分布情況，就能基本理解它們為什麼

會從無生命變成有生命的原理。廣袤的物質宇宙，原子分子組合，千變萬化，奧妙無窮，各種形式的物質都會形成，生物的分子式雖然很複雜，再複雜的東西都逃不脫自然規律的選擇。氧原子一定會選擇氫原子，並且搶奪它們的電子，形成水分子；碳原子週邊有四個電子，它的親和力最強，它必然有能力選擇許多物件，形成名目繁多的無機物和有機物，如此類推，選擇無窮，生命就在自然選擇中形成。

　　資料表明前生物階段的化學演化並不局限於地球，在宇宙空間中廣泛地存在著元素化學演化的產物。有些產物已經演化成生物單分子，如氨基酸、嘌呤、嘧啶等，在星際演化中，這些單分子形成於星際塵埃或凝聚的星雲中，人類用天體物理的手段，在地球之外探測了近百種有機分子，像甲醛，氨基酸等等。其中兩種天體可以與地球上的生命有關，它可能給地球帶來生命或者有機分子，一個是彗星，一個是隕石。我們知道這兩種天體裡邊它含有大量的有機分子，比如我們把一些彗星稱為髒雪球，它們不僅含有固態的水，還有氨基酸，鐵類，乙醇、嘌呤、嘧啶等有機化合物，生命有可能在彗星上產生而帶到地球上。或者在彗星和隕石撞擊地球時，由這些有機分子經過一系列的合成而產生新的生命，由分子和元素組成的各種有機物與陽光大氣發生反應，光合作用產生碳氧循環，地球上的光合作用是其中最重要的一環。對大多數生物來說，這個過程是它們賴以生存的關鍵，主要元素中碳氫氧氮，這幾種元素構成的

糖類、蛋白質，糖類提供能量，蛋白質組成載體等等。主要元素中的磷是組成DNA（遺傳物質）的元素。在地球上形成了最原始的生物系統，即具有原始細胞結構的生命。至此，生物不斷演化、進化，直到今天地球上產生了無數複雜的生命形式。上面看了一大串有機物分子式，都是生物科學家長期研究的科學成果，一般人都很難看懂，讀起來都很拗口，我們也沒有必要去搞懂它們，但是一定要相信這些有機物是生命的物質基礎，尤其是碳元素，它的外層4個電子，起著生命的橋樑作用，骨架作用，這完全是自然現象，生命起源于自然無可非議。

自然的民主法則

自然選擇是上帝創造生命的一種法則，自然選擇的規律是沒有主觀意識，沒有目的、沒有精心設計等**人為的主觀因素**，完全是聽其自然（原子、電子、分子的自然規律）。宇宙中的物質與物質發生相互作用，相互組合，在千變萬化中演化成無窮無盡形態、性質的東西，按人類的思維，總是習慣將合成的東西分為：有好的、有用的、不好的、無用的、高級的、低級的等等，其實自然法則中，產生的所有東西，都是物質，沒有什麼好與壞、有用與無用、高級與低級之分，在上帝看來，都是一律平等。玩撲克牌，每張牌都是平等的，不斷地玩下去，不斷地拼合五張牌，會出現各種各樣的組合，其中必定會出現你所喜歡的紅心AKQJ10同花順，把其他的牌一律認為是無用的牌，這就是人為因素。

對自然法則來說，每一張牌都是平等的，每一種組合都是必然的，沒有什麼喜歡與不喜歡的主觀意識。道理很簡單明白，那就是每一張牌的數位雖然有等級，那是人為的等級，它們在自然形態上都是平等的，沒有誰比誰更優越，它們出現的概率都是一樣，這就是民主法則。上帝創造了所有的物質，有生物有非生物，還有不少我們不認識的東西，上帝喜愛哪一種？偏袒哪一種？歧視哪一種？痛恨哪一種？任何的肯定的回答都是不可思議。宇宙是一個超級民主環境，上帝是一個絕對民主的神。有了民主的大環境，各種物質百花齊放，組合成千千萬萬的「花」，營造出萬紫千紅的繁榮世界，人類就在這種民主的大氣候中演化出來。（具體怎麼演變，人類還在孜孜不倦地探索研究，相信人類的智慧最終必定會得出完美的成果）

人類誕生

17世紀的荷蘭哲學家斯賓諾莎論上帝論文中用了一句言簡意賅的詞：「上帝不能省略不做的事情。」概括了上帝的無限智慧與能力，凡是存在的東西，都是上帝不能省略不做的東西，人類也包括在內。

上帝不能省略不做的事情之一——人類。上帝（自然）必然會創造人類，但不是刻意設計去創造人類，途徑就是自然法則，就如在自然演變中，必然會產生各種元素，其中有碳、氫、氧等構成人體的基本元素，這些元素又會在化合成有機物，有機物又會化合成簡單生物，生物又會演變成複雜生物，複雜生物又會進

化成高級生物，高級生物又會進化成人類，這一系列的變化都是在自然框架中演變的，全部是自然的必然性，沒有任何刻意性，人類只是在千變萬化的自然演變中，產生無數物種中為數極小的一個物種。（人類自認為是最複雜的機構）

上帝創造了人類，許多人並不知道「人類」的涵義，以為人類就是人，在概念上把人類和人混淆在一起。只有專門研究人類的人類學家才清楚，從人類演化到現代人，其中經歷了700萬年曆程。

人類是靈長類動物中能直立行走的一個類群。人類經歷了漫長的演化過程，這一過程被人類學家劃分成幾個階段：約700萬年前出現撒海爾人，約600萬年前出現原初人，約580萬年前出現地猿，約420萬年前出現南方古猿，約250萬年前出現能人，約180萬年前演化出直立人，約20萬年前出現智人，約5萬年前，才出現屬於真正的人種──現代人。（現在人們經常習慣把人和人類同等稱呼，本書也隨和這種習慣，有不少詞句把人稱呼人類，僅僅是口語的需要）。

從現代人至今經歷了5萬年，有確證記載的也只不過四五千年，從直立人到現代人，大部分時間生活在原始環境中，過著艱難野蠻的原始生活，無文明可談。上帝造人，也不是一步到位的，全靠人類自己奮鬥，自己完善自己，這也是上帝的完善之舉。如果上帝在不能省略要做的事情不是完善，而是完美，精心設計製造人類，使之達到完美，那麼人類無需奮鬥，坐享其成，永遠不會進步，甚至會和上帝一樣智慧萬能，那宇宙秩序豈不亂

套。所以無限完善，順其自然，才是上帝至高無上的智慧。

　　上帝對宇宙中一切東西包括人類都是自己的「兒女」，都是一視同仁，就如父母對自己的兒女一視同仁一樣。人類的人種為什麼會進化到如此完美，並不是上帝特別眷顧人種，主要是靠自身的因素。幾萬年前人類以靈長類形式出現，它們分布分布在地球的各個地區，由於各地區的自然環境不同，它們的進化程度也不同。在森林環境中的靈長類動物，它們經常攀爬樹采果實或躲避掠食動物，它們的手臂會進化得長一些，靈活一些；在草原或者平原環境的靈長類動物，行走較多，腿與腳掌就進化得比較壯實和大一些；在食物豐富的環境中，靈長類動物日子過得比較舒服，養成懶散、不動腦子的習慣，它們的頭腦就進化得慢、遲鈍；艱苦環境的靈長類動物，要對付險惡的環境，要使用工具（石器）應付生活的需要，它們必然要多動一些腦筋，大腦就進化得快、聰明，手也靈活了，不再用於行走，人也就漸漸直立起來了，可見，人應該就是在艱苦環境中進化出來的，比其他靈長類動物高出一籌，人的命運就得到飛躍的進步。這種變化也許是跳躍性的突變，也許那時的直立人數很少，所以達爾文很難找到這種過渡性的化石資料，遺憾的是進化論目前沒有找到這種過渡性化石來證明他的論點。

　　上帝只給它們一個自然環境，進化成什麼程度，什麼模樣，全靠自己努力，命運全部掌握在自己手上，這個道理延續至今。

　　完善的人和完美的人是不一樣的，完善的人主要是指人體生理結構與機能沒有缺陷；完美的人具有無限能力和智慧的超人，

這種人完美無缺，無所謂人性可言。完善的人具有正常的生理需求，必然有其自然的人性。

以上的人類起源都是粗線條描述，其具體的每一個細線條環節研究，至今科學家還沒有研究出來，也許要到人類成年後，自己會明白人是從「母親」的哪裡生出來的。

人性

人性是一門研究自身的學問，西方古希臘、東方先秦時期就有哲學家研究這個問題，幾千年來人性學的理論洋洋灑灑，觀點五花八門，林林總總萬變不離其宗，無非是善惡二字，反映在七情六欲之中。那麼，人性善惡究竟怎麼確定呢。

善惡在自然中即不是什麼東西，也不是什麼作用力，所以它在自然中並不存在。它存在於人的理念之中，是人思想中衍生出來的產物（概念）。

東西方人都有善惡的基本觀念，人之初，性本善，這是東方人的基本觀念；人性惡（原罪）這是西方人的基本觀念。也有不少人沒有這些基本概念，認為人性善惡都有。

從古今中外人類的歷史來看，人性的善惡一目了然。人性善惡具備，清一色的善人或者清一色的惡人，在社會上是沒有的，上帝不會把人類製造成完美無缺，或者萬惡不赦，上帝不會做這種不完善的事情，因為上帝造物是自然形成的，自然中沒有所謂的善與惡因素，所以造出來的人也沒有善惡之分。

現在回到現實社會上，現實的人確實有善有惡，不過，人性

善惡表現完全沒有那麼簡單，涇渭分明的善惡之人幾乎不存在，大多是善惡渾然一起。

嬰兒沒有什麼善惡可言，所以人們都稱嬰兒是小天使。也許有人說，嬰兒潛藏著原罪因素，應該具有惡的潛質（原罪）。所謂「原罪」是基督教「聖經」的重要教義之一，其源頭就是亞當和夏娃因為蛇的引誘，違背上帝的禁令，偷吃了禁果，發生了性關係，便產生了惡。且不說這個根據產生於神話，就是真實的事情也談不上惡，以自然上帝的標準而言，這應該是一種完善，沒有男女的性別、沒有男女的性行為，就沒有人類繁衍，世界上就沒有人類存在，對人類來說，這應該是善，而不是惡。

西方人（基督教徒）對「原罪」的教義深信不疑，那麼，這種子虛烏有的東西怎麼會潛入人體機能變為原罪的呢？嬰兒生下來，應該沒有任何善與惡概念。人的生理機能會產生欲望，嬰兒的欲望是單純的本能，無所謂善惡。隨著嬰兒成長，進入了社會，接觸事物多了，欲望也複雜起來，善惡也隨之潛入人的腦中，支配人的行為。從法律角度來講，有行動才算惡，方能定罪；從人性角度來講，不論有沒有行動，都是惡。如此看來，深挖犯罪根源，「原罪」和生理機能等效，人人都是帶罪之人，而且這個「原罪」至死不變。耶穌體恤人類，釘在十字架上救贖人類，這樣人類的欲望就消失了？「原罪」就沒有了？顯然是不可能的。按現在的觀點：耶穌這是無謂犧牲。耶穌為人類做得再多的好事，也救贖不了人類，人類永遠原罪在身，何以贖罪呢？事實也是如此，兩千多年來，耶穌以博愛之心，救贖人類，給人類

贖罪，世人依然如故，戰爭不斷，殺戮不止，而且越來越罪孽深重，發展核武器，大有毀滅人類與地球之勢。面對這種罪惡，耶穌也無能為力！

現在談一些現實的現象，「自私自利」這個概念在人們的心目中是負面的東西，起碼不屬於「善」。

誰沒有自私自利的行為？每一個人第一需要就是生理上的需要，餓了要吃飯，渴了要喝水，疲勞了要休息等等，都是私人的事情，都是自利的行為，在日常生活中，就是所謂的「自私自利」，即便是聖人也一樣需要「自私自利」，否則就無法生存。那種所謂的毫不利己，專門利人的人是不存在的，即便有，也是短時期的特殊行為。不能持久的行為，不能納入單純的人性善與惡範疇。

以道德的概念來說，「自私自利」屬於惡。不過，那些「自私自利」的人肯定要有損人利己的行為才能算惡，這種所謂的惡，只是占別人的小便宜，或者不願意幫助別人，沒有什麼嚴重的後果，不屬於犯法行為，屬於小惡。觸犯法律的惡，就不是輕描淡寫的自私自利了。

有一種善惡更加難以分辨了，比如愛因斯坦上書建議羅斯福總統製造原子彈，是因為他擔心德國納粹會搶先一步研製出來，希特勒這個瘋子會用來毀滅全世界。這個建議在主觀上應該是善意。雖然愛因斯坦後來也意識到不管是誰擁有核武器，都是對全人類整體安全的巨大威脅。1955年7月9日羅素·愛因斯坦於倫敦發表的一個宣言，宣言對核武器帶來的危險深表憂慮，並呼籲世

界各國領導人通過和平方式解決國際衝突。他的宣言無濟於事，後來核武器氾濫，他的預感靈驗了。問愛因斯坦算惡還是善？如果你每做一件利己的事情，都要考慮善惡效果，而大多數效果都是一時難以顯現出來的，你該怎麼辦！道德上有一種和稀泥的准則：不知者，不為過。

時代不同善惡標準也不同，中國古代封建社會，女子地位低男人地位高，重男輕女，女人必須遵守三從四德等封建禮教，遵守了就是善，違背了就是惡。現代的女子認為三從四德是壓抑人性的封建禮教，視為惡，男女地位平等視為善。

各個地區、民族、國家的風俗習慣不同，善惡標準也不同。阿拉伯地區的女人和西方國家的女人就服裝的善惡標準完全相反。穆斯林吃豬肉是惡，別的民族就沒有這個規定，吃豬肉無所謂善惡。

中國文化大革命中一切東西都顛倒過來了，善惡標準也顛倒過來了，後來打倒「四人幫」，善惡標準又顛倒過來了，這種視善惡為兒戲的人性，絕對不是善。

宗教應該是以善為宗旨，可是關於宗教的惡事也不少。歷代宗教發起的戰爭屢見不鮮，屠殺異教徒，迫害不同觀點的科學家，直到現在，以宗教名義發動的恐怖活動，濫殺無辜，破壞文明，還在不斷發生，搞得人心惶惶，終日不得安寧，其惡行可以說罄竹難書，可是那些恐怖分子卻認為是善，他們濫殺無辜的時候，還心安理得。

舊約中的上帝耶和華，上帝應該是善的吧，可是他容忍不得

任何異教徒，發誓要全部消滅（舊約中屠城屢見不鮮），說是為了救贖人類，他的善意掩蓋了惡行。耶和華的獨生子耶穌（三位一體實質就是耶和華）的基督教以博愛全人類為教義，不再屠殺異教徒，對舊約來說無疑是惡（違背耶和華的誓言），對新約來說無疑是善，他的「惡」行發揚了善意。善惡就是這樣反覆反覆無常。

人性最大的善：利用自己的聰明才智，將自己從飲血茹毛，鑽燧取火，刀耕火種的野蠻原始狀態，發展到當今高度文明的現代人。

人性最大的惡：也同樣是人類的聰明才智，製造殺人武器，發動戰爭，同類相殘，殺人無數，至今惡性不改。

可見人性是一個複雜的東西，是思想、心靈、信仰、欲望，攪在一起精心熬制出來的大雜燴。

智慧與愚蠢（野蠻）共存的人類

前面談到人類認識自己不足，首先是不知道自己從哪裡來的，至今，人類的起源還在無休止地爭論，本書的自然造人觀點，並未得到所有人的認同，其中的具體環節科學家還未研究出來；有不少人相信宗教造人的觀點，更是沒有科學依據，只能作為一種信仰。不過，這些不能算人類的愚蠢，只能說明人類在進化成長的過程中還沒有成熟。其次一個是認識不到自己有多麼愚蠢野蠻的一面。

人類自認為是最有智慧，最聰明的動物，確實不假，人類最

大的智慧將自己從飲血茹毛，鑽燧取火，刀耕火種的野蠻原始狀態，發展到當今科學技術高度先進的現代人，這就是一個最好的例證。

但是人類的科學發達並沒有讓人類達到高度文明的境界，最明顯的一點，人類的智慧創造了科學先進的同時也伴隨著原始的野蠻。最突出的就是將智慧走上邪路，研製殺人武器，並且不斷發動戰爭，殘殺同類，破壞文明。這就是愚蠢野蠻的一面。

科學先進並不等於文明進步。不妨看看當今的現實情況，人類雖然發展到電子時代，可以登上月球、火星，可以製造智慧型機器人，可是卻不能解決地球上許多人的貧困，初步統計，地球上還有30多億人口處於貧困狀態，許多人還處於飢餓的死亡線上掙紮，卻大把大把錢用在戰爭上，這是對文明的莫大諷刺。

地球的資源是有限的，錢財更是來之不易，應該首先用於建設家園，改善民生上，讓所有的人擺脫貧困，生活美好，這才是人類智慧的正道。然而，人類卻將智慧走上邪路，將寶貴的資源和金錢去研製殺人武器，從冷兵器發展到熱兵器，從常規武器發展到核武器、生化武器，從陸地發展到海洋、天空、太空，而且武器逐步升級，殺傷力越來越大，破壞力越來越強。不斷軍備競賽炫耀武力，不斷發動戰爭，殘殺同類，破壞文明。這種智慧與文明分離行為，是人類最大的愚蠢。

翻開人類歷史，從原始的野蠻人到現代的文明人，其中充滿著戰爭與血腥的屠殺。據學者統計，人類有史以來，百分之九十八98%的時間在打仗，殺人，摧毀文明，只有百分之二2%和平時

期。可以說人類的歷史，就是一部同類相殘的血腥歷史，沒有文明可言。

按照自然選擇觀點，人類是從猿進化過來的，人的智力比猿優越得多，但是野蠻的基因還潛伏在其中。原始時代的人類，智力低下，生產方式落後，生活資源匱乏，環境險惡，要生存不得不用野蠻的手段來對付異族的同類，同類相殘的戰爭是難免的，這種為生存需要的野蠻是完全可以理解的。

人類的智力在生活中，在和大自然作鬥爭中，不斷地發展（進化）成為智慧。智慧不但有智力的成分，更有文明的成分。所謂文明，簡單地說，就是野蠻的反面。人要生活過得好，靠自己勞動創造，而不是去搶劫，更不是去殺人放火，基本的文明就是這麼簡單。

時至今日，人類已經進入高度科學文明的時代，科學高度發達，生產方式先進，生產力大幅度提高，生活資源豐富，如果合理分配，不用到歪路上，人類過富裕生活綽綽有餘，完全可以告別野蠻，融入文明。

可是人性並不是那樣單純，貪婪、偏見、傲慢等等見不得陽光的思想，必然會誤導智慧，將文明置之度外，野蠻的戰爭思維不斷發酵，於是發展到現在的局勢，不但殺人武器越來越先進，性能不斷地升級換代，殺傷力越來越大，更加嚴重的是從常規武器發展的核武器、生化武器。戰爭、殺戮、破壞竟然成了人類社會的常態，智慧竟然變成了極端的野蠻。

化野蠻為文明──止戈為武

　　戰爭是野蠻的極端行為，現在人們把戰爭的性質分為正義的戰爭和非正義的戰爭，潛臺詞就是正義戰爭不屬於野蠻行為，而是保家衛國，或者是捍衛和平，還有許多振振有詞的口號。在這種思維指導下，每一個國家都名正言順地擴軍備戰，戰爭搖身一變又成為文明的化身，何其荒謬！

　　戰爭的性質如近代第二次世界大戰，德國法西斯與日本軍國主義那種赤裸裸的侵略戰爭，很容易分辨誰是正義戰爭，誰是非正義戰爭。但是隨著時代的發展，經濟全球化，世界一體化，其中引發的戰爭性質就很難分辨了，各方都有自己的冠冕堂皇理由，都有崇高的「主義」，甚至打著宗教的旗幟，戰爭成為神聖的行為，聯合國忙於協調、維和，無能為力。如果追溯更久遠歷次大大小小的戰爭，更加難以說清楚戰爭的性質，戰爭這把達摩克裡斯劍始終懸在人類的頭上。

　　當今人們高談闊論建立人類命運共同體，理想是好的，但是現在不切合實際。拋開國際上錯綜複雜的政治、信仰、經濟等因素，單是每一個國家都擁有大量的殺人武器這一點，隨時都有爆發大的戰爭甚至核戰爭的可能，人類命運朝不保夕，怎麼可能共同呢。

　　當前地球就如一座危險的火藥庫，一個擦槍走火，就會把人類文明倒退至石器時代。人們竟然糾纏在這種說不清道不明的戰爭性質上，世界永無寧日，這種狀況何時了！人類共同的未來命

運不容樂觀。

縱觀歷史，華夏文化在兩千五百多年前春秋戰國時期，大國間爭奪霸主，諸侯群雄紛爭，各國混戰不休。春秋中原五霸之一楚莊王的政治思想以儒家學派的「仁」相符，對戰爭有獨到的觀點，他的著名論點「止戈為武」，指戰爭的性質不是為了宣揚武功，而是為了禁止強暴，維護正義，給百姓帶來安定的生活。

還有世界聞名的《孫子兵法》，雖然是一部論述戰爭的戰術戰略的書，但是它那「不戰而屈人之兵」戰略思想，是該書的最高境界，這種境界就是反對殺戮，反對暴力，反對戰爭。這種和平仁義思想是人類文明的精髓，是智慧的最高境界，應該延續下去，發揚光大。

華夏文化早就有「止戈為武」，化干戈為玉帛的思想，繼承弘揚這種博大精深的文化，是我們現代人義不容辭的神聖使命，應該堅定不移地擯棄那些為戰爭說教的迂腐論調，以人道主義為準則，毫不含糊地定義戰爭都是不文明的，都是野蠻的行為，把戰爭打入十八層地獄，永世不得翻身。

要讓戰爭永世不得翻身，光憑一個「定義」是沒有用的，所謂的和平條約、和平協定更是蒼白無力，看看歷來的那些白紙黑字簽訂的和平條約、和平協定，沒有絲毫約束力，隨時可以毀約，戰爭照樣橫行。人類這種自欺欺人、反反覆覆的荒唐野蠻劇沒有停止過。

現在不是奢談人類命運共同體的時機，泛泛空談只會誤國誤民，那種形式主義的美好願望──放和平鴿，放多少也無濟於

事。要永遠杜絕戰爭，各國領導人應該拿出切實行動來。

永遠杜絕戰爭，唯一有效的措施就是銷毀一切殺人武器，止戈為武，首先銷毀核武器。古人雲，放下屠刀，立地成佛。手中沒有殺人武器，即使戰爭狂人想發動戰爭也無能為力，世界就有可能走上永久和平的道路了。

銷毀一切殺人武器

負責這項銷毀殺人武器的系統工程責無旁貸的應該是聯合國承擔。完成這項艱巨的系統工程，急不得，時間可能要跨越幾個世紀，十幾代人，只要有良好的開端，就是成功的一半，就萬事大吉了。

1945年50個國家代表在美國三藩市隆重簽署了聯合國憲章，其維護世界和平與安全的職能可以說治表不治本，不如人意。幾十年來許多國家及地區衝突頻繁，戰爭不斷，安理會軟弱無力，根本不起作用。目前世界局勢更加錯綜複雜，對抗性的衝突進一步升級，甚至於有爆發核戰爭的危險，聯合國派遣那些維和部隊，東奔西走，疲於奔命，被動維和，徒勞無功，根本無法制止戰爭。

要澈底澈底制止戰爭維護世界和平，應該拿出強有力的「治本」決心和魄力：銷毀一切殺人武器，首先銷毀核武。敦促聯合國進行大刀闊斧的改革，首先成立一個銷毀殺人武器永保世界和平的專門機構。

這是開創世界新格局的偉大工程，任重道遠。事在人為，人

類有智慧有能力發展殺人武器，也有智慧能力逆轉，銷毀一切殺人武器。畢竟人類是理智動物。

要做的工作千頭萬緒，大致可從三方面著手：1，人的思想轉變，2，過度時期的協調，3，具體的技術工程。4，栽軍。

1，首先是解決人的傳統思維。戰爭思維是人類解決不可調和的矛盾慣用的傳統思維，最典型的就是「槍桿子裡出政權」理論。普通平民百姓一般都是要和平的，當權者或者統治集團，為了自己的利益，煽動民族主義，老百姓頭腦一發熱，也會點燃戰爭火焰，戰爭就難以避免。所以把當權者的傳統戰爭思維轉變為和平思維是最關鍵的一步。他們的思維轉變了，才會積極配合這項和平系統工程。

做思想轉變工作是一個艱巨長期的事情。人類幾千年來那種原始人野蠻的弱肉強食理念，深入骨髓，潛移默化至今，每個國家領導人普遍都存在戰爭的防範意識（擴軍備戰），而且是根深蒂固，難以扭轉傳統的戰爭思維，不會輕易相信口頭上宣傳，更不會放棄武器，解除武裝。其中還有許多錯綜複雜的政治因素。所以第一階段僅僅只是做思想轉變工作，不干涉各個國家的軍備情況，更不干涉各國內政，只要思想上同意這項和平建議，沒有牴觸情緒，就是取得第一步勝利。

在第一階段過程中，作為中間媒介的宣傳人選是至關重要的的，關係到事情的成敗。

第一類人絕對不能用。那就是傳統的方法使用政府官員、政客之類，這類人雖然閱歷豐富，經驗老練，工作能力強。但是這

些恰恰是不利因素。在各個統治者眼中，這些人老謀深算，慣於花言巧語，而且常常心懷鬼胎，為自己國家或者利益集團服務，總以為他們有什麼陰謀詭計，很難說服有防範心理的當權者。

第二類人也不能聘用，那就是社會賢達，學者等有聲望的人士，這些人大多是有自己的國籍、具有信仰觀念，老於世故的人，主觀偏見是難免的，各國當權者很難相信他們遊說，達不到宣傳效果。

第三類人宗教人士，更不能用，各個國家，各個民族其宗教信仰不同，無法達到共同的信仰與事業。

唯一沒有這些「毛病」的就是兒童，他們天真爛漫，純潔無瑕，心靈清白，不會帶有任何主觀偏見和什麼歪門邪道、陰謀詭計，成人也難以影響他們的天性，絕對可以相信。最好選擇一些有藝術天賦的孩子，邊表演藝術節目，邊宣傳和平思想。在這種輕鬆愉快的氣氛中，哪怕防範心理極強的人也會在這些可愛的小天使面前解除思想武裝，擁護銷毀武器的建議。能達到這種效果，小天使們就完成了人類偉大的使命。所以兒童是最佳人選，組成一個「和平天使」專業團隊，能起到事半功倍的效果。

除了宣傳和平思想外，還有一項工作也是至關重要的，那就是普適價值觀的修正。

現在普適價值觀自由、民主、公平、正義等等，在西方比較普遍接受，在東方就不是每個國家都能接受，他們對價值觀有自己的解釋，宗教徒更是有一套價值觀。所以當前的價值觀在倫理上普世，在實際上並不普世。退一步說，即使大家接受這些普適

價值觀，沒有和平作保障，生命都難保，價值觀有什麼意義。一旦戰爭爆發，難免一方失控，爆發全面核戰爭，人類文明毀於一旦，普適價值觀也無任何價值！

和平是人類文明的保障，現在地球上的人類，不管是普通平民百姓還是當權者，唯一能接受的價值觀就是「和平」（永久的和平），和平作為普世價值觀最適合。

和平只能解決戰爭問題，不能解決社會上的各種矛盾問題，所以還有一個價值觀必須跟上，那就是「和諧」。以非暴力方法（基督精神）化解社會上各種矛盾，達到人與人之間和諧相處。

以大家都能夠接受的「和平」、「和諧」新型的普世價值觀為基礎，思想就能夠統一，銷毀一切殺人武器工程才能順利進行。

另外教育理念必須跟上，首先讓孩子們明大理，懷大局。逐步清除狹隘的民族主義與狹隘的愛國主義思想，讓孩子們明白自己是地球村的一員，和整個人類命運息息相關。戰爭思維要不得！

2，**過度時期的協調**，現在地球上有一百多個國家和地區，大多數都擁有殺人武器，大國、強國還擁有核武器，數量之多可以毀滅幾次人類。儲備這麼多的殺人武器，戰爭時期可以使用，和平時期就是一堆廢物。儲備這些「廢物」，需要安全的倉庫和場地，需要經常保養維護，更新換代也是少不了的，另外還需要大量的人員看守警備等等，總之需要巨大的資金才能運轉。這些「廢物」成了每個國家的累贅，銷毀它們每個人都會雙手贊成。

可是在具體執行過程中，就不那麼簡單。武器的存在，就有引發戰爭的可能，各個國家不得不防，誰都不願意把自己倉庫的武器全部銷毀掉，這裡就需要各國統一協調進行。

首先應該公佈自己國家儲備的武器類別和數量，這是國家的軍事機密，要做好這項工作，少不了智慧與耐心，良好的信譽是基礎。

然後按照各國報出的武器數量與類別，分別按比例逐步銷毀。比如第一階段銷毀各國儲備量的10%，逐步增加銷毀量，一直到全部銷毀，核查準確為止。

這是各國領導人都很配合的理想情況，如果有幾個國家領導人不配合，麻煩就來了，必然會引起其他國家的警惕，銷毀武器的工程就會受阻或停頓。其中一定有一些具體的問題，這種情況不是幾個孩子和平宣傳所能解決的，必需要有聯合國有關機構去調解解決。如果調解還不起作用，那就必須使用武力強制措施。因此在這個協調時期，聯合國必須建立一個強有力的武裝力量，來強力執行那些違約的國家或地區。這支聯合國的武裝力量，完成了歷史使命就解除武裝，世界永久和平的目的就達到了。

3，銷毀一切殺人武器的具體方法，大多是技術問題，本書不作具體的描述。我們相信人類有智慧製造這麼多殺人武器，也有智慧銷毀所有的殺人武器。

4，裁軍，武器沒有了，裁軍是水到渠成的事情。國家可以保留維持治安的員警及少量簡單的常規武器。

19 · 人類的未來 [嘻庸][庸綠]

樂觀的前途

時間線索：從虛幻的「史前」到虛幻的「史後」。

人類的命運是未來的事情，未來基本上都是未知數，歷史只記載發生過的真實事件，歷史一般不預測未來。司馬遷寫「史紀」，都是寫過去的事件，在當代，也可以寫一些，預測未來可就是犯忌的事，尤其是預測哪一位皇子繼位當皇帝，就犯了殺頭之罪。

人類整體的未來和宇宙密切相關，人類探索宇宙，對宇宙演變規律基本瞭解，還認識了宇宙過去發生的一系列事件。現代人掌握了這些自然演變規律，可以準確地預測宇宙演變與人類的關係。比如現代人已經預測出太陽的壽命和地球的未來狀況，這種未來的歷史事件是確切的、一定會發生的，作為具有高度智慧的人類，一定會有對策，儘管這是未來幾億年的事情，現在還是應該將其記入宇宙史冊。

寫未來，必然要和過去聯繫一起探索，因此在時間上過去與未來會前後混在一起寫。

進化是人的未來必然途徑，和太陽系的演變而演變，科學家

已經預測到太陽的壽命，50億年後太陽將逐漸衰老，壽終正寢。地球也隨之毀滅，人類的生存環境早在地球毀滅前幾億年就不適應了，換句話說人類因為生存環境不好也逐漸隨環境進化，進化成適應惡化了的自然環境（這應該是逆向進化）。也可能類似史前的生物進化那樣，從海洋進化到陸地，現在是反過來進化，從陸地到海洋，那時已經不是人類了。這是不可抗拒的自然規律，天意不可違！

天意是宇宙大規律，一切物種都會九九歸一，回歸到史前的狀況。人類是有智慧的生物，有主觀能動性，可以選擇自己的前途，絕對不會坐以待斃，在小規律中延長生存時期。

人類有人類的演變規律，人類過去怎麼從靈長類進化到現代人，前面已經講述過了，主要是根據自然環境因素進化的。原始人生活在弱肉強食的時代，人的頭腦還比較簡單，更沒有科學手段來求生存，全靠體力，體力強壯的，生存機率高，所以強壯是原始人傳宗接代的主要基因。野獸也是這樣的，比如獅子，獅群的領袖都是強壯的雄獅，如果這個雄獅衰老了，馬上就會被外來的強壯雄獅打敗，趕出獅群，保障強壯基因代代相傳，這就是它們的生存法則。可以想像，原始人的身體絕大多數都是高大強壯的，才能夠適應險惡的自然環境。否則，就會被自然淘汰（自然選擇）。

隨著人類頭腦的進化，能夠製造各種工具，用工具來抵禦險惡的自然環境，人體的強壯度就有所退化，人的身體就沒有原始人那樣強壯，因為有了衣服，毛髮也就漸漸退化了，現代人的模

樣變得和諧漂亮文雅了。

將來的人是怎麼樣的，可以想像，由於人工智慧化的電腦發展，人的許多勞力被智慧化的電腦代替，人體的許多機能將逐步退化，最終人的形狀已經不是現代那種和諧文雅漂亮的模樣了，變成畸形的人樣，當然，他們從照片上看到我們現代人的模樣，也是畸形的。這裡所謂的進化與退化是相互促進的，這就是自然的奧妙。

人類在宇宙中，只是個匆匆的過客，隨著自然的進展，太陽漸漸衰變，人類賴以生存的地球環境變得越來越不適應生物生存，世界末日一定會到來，有生有死，是一種完善的態勢，這是上帝的規律。宗教宣揚的所謂天堂，是一種精神寄託子虛烏有的信仰，人類要逃脫這場自然浩劫，也只能寄託宗教宣揚的信仰，希望宇宙中確實有一個天堂。

據科學家估計，人類這場劫難最遲不會超過十億年，人類還有充分的時間作躲避劫難的準備，唯一的辦法就是離開地球，到別的星球去安家落戶。科學家相信在多重宇宙中，什麼奇怪的事情都有，「天堂」也是存在的。在尋找「天堂」方面，科學家充滿信心。現在最大的問題就是人類大遷徙。「天堂」肯定是非常遙遠，也許在另外一個星系中，要把全人類遷徙到另外一個星系的「天堂」裡去談何容易。在自己的銀河系內尋找是首選，據天文學家觀察，太陽系裡沒有這種星球，銀河系裡至少有2000億個星球，目前還沒有發現適合地球環境的星球，「天堂」更是渺茫。就是找到了，其距離也是遙遙無際，以光年來計算，即便去

地球的鄰居火星，人類大遷徙也是不可能的。

尋找「天堂」暫時放一放，首先解決人的問題，像目前這樣形態的人體，要大遷徙，肯定是不行的，還有沒有別的辦法？

上帝曾經啟示過，人類的命運全靠自己救自己。幸運的是人類有一個愛因斯坦，他的相對論是一條出路，到那時候人類的科技條件完全可以解讀和應用其原理，製造一個蟲洞，把人的基因編成數碼，通過蟲洞，輸送至已知的目的地——宗教所說的「天堂」。

上述是人們樂觀的願望，要實現這個美好願望，首先改造人類，這種「改造」包含兩個方面，1，自身的知識進步，科學技術不斷完善，在不違背自然規律的前提下，可以無所不能。2，上帝的進化改造，在自然規律的演變下，現代人進化成適合大遷徙的智能態人。這是完全有可能的。

走正道是人自身改造的大前提，如果不走正道，將地球有限的資源和財力用在邪道上，一味愚蠢下去，頑固地保留傳統的戰爭思維，可能人類會提前滅亡。這絕對不是危言聳聽。

這是人類未來的第一種選擇。

無情的篩選

宇宙存在到萬物的誕生，是一個難以想像的漫長過程。在前面無中生有的章節裡，上帝創造萬物不是變魔術，耍巫術，而是通過自然法則逐步演變出來的。自然規律也就是上帝的行為，上帝是一個無情的篩選者，適者生存，優勝劣汰就是上帝的法

律。這和人為的情感意識、政治制度、社會公德、宗教信仰完全無關。

宇宙大爆炸誕生了具有品質的物質，起初是一團幾千億高溫的原始火球，這個「太上老君的煉丹爐」，隨著溫度的調整，煉出了各種基本粒子。它們正負雙方同時出現，並且相互火拼，瞬間湮滅又開始新一輪的火拼，直到正粒子一方勝利，優勝劣汰造就了我們現在的正物質世界。

我們晚上看到的滿天星星，絕大多數是恒星，也有行星，它們原先都是星雲狀態的微小塵埃，通過漫長的運動，相互碰撞、吸引、合拼，逐步分裂為不同大小的星際物體，它們之間的引力不同，勢必形成「大魚吃小魚」的勢態，引力大的物質無情地吞噬比它小的物體，恒星就通過這樣的優勢越來越壯大的。

生物界的優勝劣汰行為更加明顯與激烈，雄性動物為了取得交配權，它們爭鬥得你死我活，勝者為王，取得雌性的青睞，將強壯的基因傳宗接代，代代相傳。可以說優勝劣汰是自然規律一種普遍的形式。

與優勝劣汰相輔相成的自然規律是適者生存，「適者」的內涵很多，形式也很複雜。最基本的是適應環境，比如熱帶氣候環境的生物和寒冷氣候環境的生物，各有自己的生存方式和規律。如果地球突變，把它們的生存環境交換一下，它們大多數會不適應環境而消亡，只有一小部分生命力頑強的物種存留下來，進化為一種新物種，延續它新一代的適者生存。

所謂「適者」，它們的基因是自然逐步進化來的，上帝在

自然行為中不斷將基本粒子組合成新的物質，在宇宙漫長的過程中，必然組合成無數的物種，其中有非生物、生物，當然還有許多人類不知道的東西。這些物種和東西都是自然形成的，所以說它們是「適者」，不適合自然規律的，全部被上帝無情地篩選掉了。

人類是宇宙中特殊的物種，人的基因（去氧核糖核酸DNA）分子結構特別複雜，特別精密，特別周到，以至許多人自作多情地認為人類是上帝特意精心創造的。

人類也受上帝優勝劣汰，適者生存的法則篩選，人類的智慧形成一套自身的生存法則，優勝劣汰，適者生存的因素更加複雜，甚至有善惡之分，情感之別。雖然上帝不會直接干涉人間凡塵之事，但是最終逃不了因果關係的報應。

人類進化是自然規律的一個奇跡，其智慧和能力僅次於上帝，現代人用生物科學手段可以把人的基因分子式描述出來，甚至可以改變基因的排列。改變生物基因的技術（轉基因），已是現代科學成果，在農業上已經廣泛應用。人們已經吃上了轉基因大米，轉基因大豆。

人類的智慧和能量確實不可小覷，其實並不是上帝有意精心創造的，它也就是自然規律的一種產物，這種產物符合"適者"條件，沒有被上帝篩選掉，所以生存下來，適者生存自然規律對人類來說應該是莫大的幸運。

基因是上帝的專利，不容隨意篡改。改變基因的後果對人類來說，無非是兩種：一種是生物通過轉基因後變成優良品種，產

量和品質都明顯提升，可以解決人口增長的消費需要，優越性是肯定的；第二種必然帶來副作用，短期內是看不出的，尤其是食物，對人的影響如何，不容樂觀。據說西方有些科學家拿小白鼠進行轉基因糧食的實驗，幾十年後小白鼠全部消亡，原因是吃轉基因糧食的小白鼠生育能力減退，最後喪失生育能力。如果人類長期食用轉基因糧食，後果不堪設想。

基因是上帝按照自然規律組合的物質，是「適者生存」必要條件，違背了這個條件，上帝會無情篩選掉。現在人為地改變基因，意味著「適者」的條件消失了，生存必然也成問題，上帝也挽救不了你。

這是第二種人類的未來

20 · 警鐘——兵馬俑的警示

一個農民打井偶然發現一個陶俑，經過考古學家挖掘開發，發現了埋在地下兩千多年的秦始皇兵馬俑坑。

光陰似箭，時空變遷，茫茫億萬年一天，一個新型智慧生物開荒挖地，偶然發現了一塊古怪的東西，經過考古生物的挖掘開發，發現地下深處，埋藏一大片建築物，經過數年挖掘清理，展現出一個城市全貌，縱橫街道，高樓大廈滿目瘡痍，一片廢墟。考古生物從出土文字解讀，這座廢墟城市名叫紐約。過了幾十年，全球各地陸續又挖掘出數百座城市，都是滿目瘡痍，一片廢墟。考古生物考證，得出驚人的結論，這些城市都是核戰爭

摧毀的，其中的居民，全部在短時間內死亡，這一時期的人類全部滅絕。

地球經歷過數次大規模生物滅絕事件，最近一次恐龍滅絕事件，是由於小行星撞擊地球所至，都是自然原因。可是人類滅絕事件，卻不是自然因素造成的，而是人類自己滅絕自己，幾千年的人類文明，毀於一旦。成為現代版的兵馬俑坑，規模之大，涉及全球。誰打開上帝的潘朵拉魔盒，誰就得承受滅絕的後果，無一例外。

現在屬於科學幻想故事，但是，人類執迷不悟，頑固地堅持戰爭思維不放，未來就變成現實。

這是人類未來的第三種選擇

宇宙的歷史順勢發展，順者存，逆者亡。人類的歷史可以選擇，何去何從由人類自己決定。

國家圖書館出版品預行編目

宇宙通史 / 聶崇永著. -- 臺北市：獵海人，
　2020.06
　　面；　公分
　　ISBN 978-986-98841-4-3(平裝)

　1. 宇宙論　2. 宗教哲學

163　　　　　　　　　　　　　　　109007456

宇宙通史

作　　　者／聶崇永
出版策劃／獵海人
製作銷售／秀威資訊科技股份有限公司
　　　　　114 台北市內湖區瑞光路76巷69號2樓
　　　　　電話：+886-2-2796-3638
　　　　　傳真：+886-2-2796-1377
網路訂購／秀威書店：https://store.showwe.tw
　　　　　博客來網路書店：http://www.books.com.tw
　　　　　三民網路書店：http://www.m.sanmin.com.tw
　　　　　金石堂網路書店：http://www.kingstone.com.tw
　　　　　讀冊生活：http://www.taaze.tw

出版日期／2020年6月
定　　　價／350元